L'eredità degli antichi

Olivia Trioschi ha collaborato alla revisione dei testi

Coordinamento editoriale
Iacopo Basagni

Coordinamento redazionale e redazione
Veronica Gabbrielli

Ricerca Iconografica: Romina Magrini, Benedetta Stoppioni

Correzione di bozze: Lorenzo Bassi

Progetto grafico
Gandini&Rendina, Milano

Impaginazione
Datacomp, Imola

Copertina
Zetalab, Milano

Stampa
L.E.G.O. S.p.A., Lavis (TN)

www.rcseducation.it

Prima edizione: Febbraio 2015

Ristampe
2018 2017 2016 2015 0 1 2 3 4 5 6

ISBN 978-88-221-8566-2

Domenico Izzo

L'eredità degli antichi

La Nuova Italia | RCS Education

MyStudio

L'ambiente digitale interattivo per la scuola

My**Studio** è l'ambiente di apprendimento virtuale che ti mette a disposizione i contenuti, le applicazioni e gli strumenti di RCS Education pensati per una didattica digitale e collaborativa.

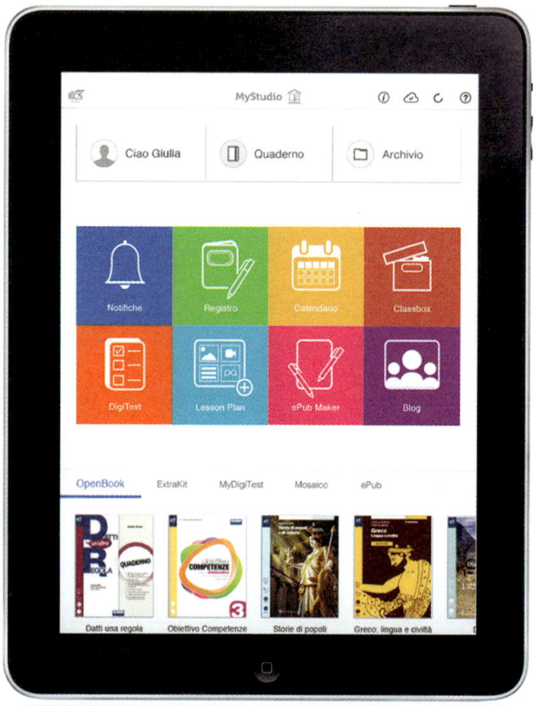

My**Studio** permette l'accesso a Open**Book**, il libro digitale interattivo, e a Extra**Kit**, il pacchetto dei contenuti gratuiti multimediali che arricchisce il tuo libro di testo.

Con gli strumenti didattici di My**Studio** puoi inoltre:

- partecipare alla classe virtuale, scambiando opinioni e avviando discussioni con i tuoi compagni e i tuoi insegnanti;
- accedere all'elenco delle attività assegnate dai tuoi docenti, visualizzare le votazioni e i loro eventuali commenti;
- creare tesine e ricerche aggregando risorse realizzate con gli strumenti My**Studio** o file personali, come video e audio, documenti e immagini;
- creare pubblicazioni digitali in formato ePub3, dei veri e propri libri multimediali;
- caricare, salvare e condividere i tuoi materiali con il resto della classe;
- essere sempre aggiornato e informato tramite notifiche ogni volta che accade qualcosa che ti coinvolge.

Registrati su www.rcseducation.it
per accedere al tuo ambiente MyStudio!

Device Tablet (Android, iOS) | Computer fisso e portatile (Win, Mac) | LIM | Videoproiettore

OpenBook

Il libro digitale, interattivo, multimediale e inclusivo

Open**Book** ti consente di imparare divertendoti: video, audio, animazioni, esercizi interattivi... rendono più stimolante l'apprendimento. Con Open**Book** puoi studiare in autonomia e condividere il tuo lavoro con altri.

Personalizza il tuo studio e condividi le tue attività

Penne ed evidenziatori virtuali, note vocali e testuali, collegamenti al web e tanti altri strumenti per personalizzare il tuo modo di studiare e collaborare con i compagni di scuola e con l'insegnante.

Studiare non è mai stato così facile e interessante

Mappe concettuali, contenuti video e audio, linee del tempo: tutti strumenti interattivi fondamentali per lo studio e il ripasso. Inoltre la presenza di esercitazioni interattive ti aiuta a verificare i tuoi progressi mentre studi.

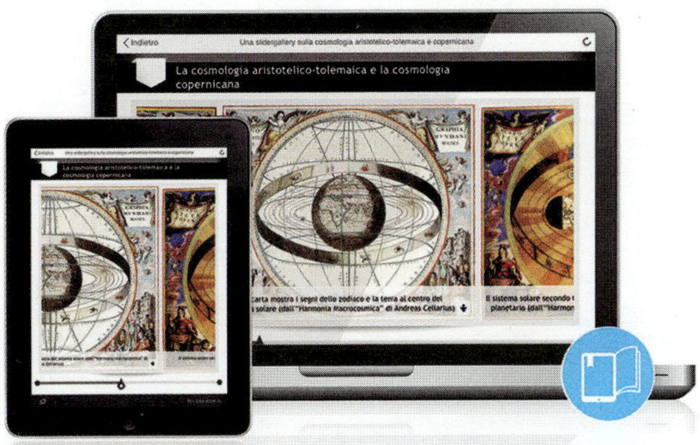

Per studiare ovunque (multidevice e fruizione offline)

Utilizzabile con applicazioni per PC, Mac e tablet (Android e iOS), ottimizzato per LIM e videoproiettori. La fruizione dei contenuti è possibile anche offline grazie al download integrale o parziale.

Open**Book**: il libro che *include*!

Open**Book** ti consente di attivare la lettura automatica del testo con regolazione della velocità, scegliere la visualizzazione in tutto maiuscolo o minuscolo, la dimensione e il carattere, tra cui **EasyReading®**, il font speciale ad alta leggibilità.

COME SI ATTIVA →

Collegati al sito www.rcseducation.it, registrati o effettua il login

Accedi alla tua area personale My**Studio**, attiva Open**Book** inserendo il codice PIN

Open**Book** apparirà automaticamente nella tua libreria

Hai bisogno di aiuto? Accedi alle guide online per le istruzioni passo passo

SEZIONE A

Usi e riusi

U4 

SEZIONE B

Somiglianze e differenze

U5 

U6 

SEZIONE A

Usi e riusi

U1

contenuto integrativo

A lezione dagli antichi

Per secoli la cultura europea ha considerato come maestri insuperabili gli antichi. "Siamo nani sulle spalle dei giganti" asseriva Giovanni di Salisbury, filosofo del XII secolo. Nel Rinascimento, all'ammirazione subentrò l'emulazione, cioè il desiderio di superare i maestri; ne nacque la "disputa degli antichi e dei moderni": a chi va la supremazia? Da tempo non siamo più "nani sulle spalle dei giganti" poiché abbiamo conseguito traguardi importanti in tutti i settori, ma ciò non toglie che gli antichi possano ancora trasmettere insegnamenti fecondi: riconoscere e accettare questa traccia classica nel mondo contemporaneo ha una sua utilità. A che cosa serve, dunque, quel passato? A tante cose, come vedremo in questo percorso. Ma intanto, anticipiamone una, forse la più emblematica: in un contesto epocale che si suol definire "civiltà dell'immagine" o "dello spettacolo" – espressioni sovente usate come sinonimi di modernità – comprendere l'origine di simboli e modalità comunicative derivanti dai classici aiuta a decifrare meglio e a interpretare con maggior senso critico messaggi nascosti dietro forme seducenti.

1. Le tecniche degli antichi

Tecniche antiche, successo moderno

Alcuni artigiani contemporanei si sono ispirati a tecniche antiche per produrre oggetti ricercati di altissimo livello.

Le Sibille sono un gruppo di imprenditrici romane che hanno deciso di ispirarsi all'*opus vermiculatum*, cioè il mosaico a tessere minutissime dell'antica Roma, per creare una linea di gioielli decorati a mano con paziente e minuzioso lavoro: ne sono risultati piccoli capolavori, esemplari unici molto richiesti a livello internazionale. Queste hanno scelto di chiamarsi come le antiche profetesse, interpreti del futuro, perché più prosaicamente hanno saputo interpretare nuovi orientamenti del mercato.

Tommaso Cecchi de Rossi è un artigiano del pistoiese che ha creato una linea di borse vendute in tutto il mondo. Il suo segreto? La ricerca, lo studio di materiali e tecniche "nuove" come quella del cuoio battuto, "una lavorazione a più strati che usavano gli antichi Romani per realizzare armature leggerissime", come ha spiegato lui stesso in un'intervista pubblicata sulla rivista "Elle" (ottobre 2012). Tempo medio di attesa per acquistare una sua *luxury bag*: 18 mesi.

Borsa creata da Tommaso Cecchi de Rossi.

Leo Placuzzi è un manager di Ravenna che, dopo aver ammirato i celebri mosaici bizantini della sua città, ha deciso di vivificare e innovare quella tecnica: appresi da un maestro artigiano i segreti dell'arte, ha fondato un'azienda diventata *leader* a livello mondiale.

L'antico, insomma, non è solo un deposito antiquario di belle forme, ma anche una fucina di esperienze, tanto fruttuose da determinare il successo di imprenditori abili e attenti.

Mosaico realizzato dalla ditta di Leo Placuzzi.

2. Le virtù degli antichi

Ermes, la virtù della flessibilità

Una dote spesso richiamata nel mondo professionale è l'adattabilità, l'attitudine a cambiare in accordo al mutato contesto in cui si opera, vincendo rigidità mentali che potrebbero pregiudicare la realizzazione di progetti o il perseguimento di obiettivi. Flessibilità, insomma, sembra essere diventata la parola d'ordine per i lavoratori presenti e futuri. Come si può imparare a essere flessibili? Per esempio, andando a scuola dal dio greco Ermes, come suggerisce la giornalista e politologa americana Arianna Huffington:

> E poi c'è il mio dio preferito, Ermes, che incarna tanto l'inaspettato quanto l'immutabile. Ovunque le cose appaiono fisse, rigide, bloccate, Ermes introduce fluidità, movimento, nuovi inizi. È la divinità che per prima mi ha permesso di intuire il miracoloso in tutto ciò che mi circondava. Introducendo nelle nostre vite l'elemento dell'imprevisto, Ermes ci sprona a superare l'autocompiacimento, a demolire quella barriera dell'inerzia, che ci tiene rinchiusi nell'abitudine e nella convenzione. Ermes rappresenta un fattore molto importante nel cammino verso il superamento della paura: la libertà del non avere più bisogno di avere tutto sempre sotto controllo, di essere sempre noi a far succedere le cose. La sua doppia natura ci aiuta inoltre ad accettare il grande paradosso della vita, ovvero che l'unica costante sia il cambiamento. Ecco perché è anche il dio delle connessioni, dei "link", diremmo oggi. Colui che fa da tramite tra i mondi e dissolve i confini tra la terra e l'aldilà, tra gli uomini e gli dei, tra la vita e la morte.
>
> (A. Huffington, *Quello che ho imparato da Ermes, dio dei link*, in "Grazia", 20 luglio 2013; trad. di M. Colombo)

Ermes è il messaggero degli dei, della comunicazione rapida tra mondo celeste e terreno. È il dio dei viaggiatori, di tutto ciò che è dinamico, in movimento: invita a non fermarsi, a muoversi in relazione agli ambienti e alle circostanze, ad affrontare le novità che attendono chi intraprende un nuovo cammino, sfruttando le conoscenze maturate da viaggi e incontri. La persona dinamica, come Ermes, opera collegamenti mentali rapidi tra le sue esperienze, crea i suoi "link", si adatta, supera ogni atteggiamento di pigrizia e inerte acquietamento ed è sempre mossa dalla volontà di scoprire e imparare.

L'intelligenza di Ulisse

Ulisse è un personaggio dall'intelligenza pronta e duttile e dotato di capacità intuitive fuori del comune, tanto da esserne diventato simbolo; sono proprio queste qualità a renderlo un modello di riferimento per manager di successo, come Jean-Paul Agon, uno tra i più potenti imprenditori nel mondo della cosmesi:

> Mi sento molto greco nel profondo del cuore, e mi piace pensare che alcune mie peregrinazioni siano state simili al peregrinare di Ulisse. [...] L'*Odissea* è un testo stupendo, che leggo e rileggo; il personaggio di Ulisse mi piace perché è molto umano, incarna l'ambizione di andare fino in fondo al proprio cammino, affronta continuamente nuove sfide e vicissitudini.
>
> ("L'Espresso", 5 settembre 2013)

Determinazione e curiosità intellettuale sono, dunque, le qualità vincenti che Ulisse insegna ancora: l'eroe omerico sfidava mostri e pericoli, così come oggi il manager affronta i rischi del mercato senza arrendersi ma, piuttosto, escogitando soluzioni originali.

John William Waterhouse, *Ulisse e le sirene*, 1891.

Antichi & Moderni

1. Qual è, a tuo avviso, la strategia di marketing sottesa alla scelta del nome *Sibille* per moderne designer di oggetti di tendenza?
2. Come spieghi la definizione di Ermes come "dio dei link"? Ritieni anche tu che il dio greco incarni "virtù" indispensabili ai professionisti di oggi?
3. Ermes oppure Ulisse? A chi senti di somigliare tra i due, e perché?
4. "Si deve imparare dagli antichi a fare cose nuove", diceva il poeta tedesco Bertolt Brecht: gli esempi che abbiamo visto in questo paragrafo sembrerebbero dargli ragione. Tu come la pensi? Quale aspetto del mondo antico, tra quelli che hai sinora studiato a scuola, ti sembra più "promettente" come risorsa o spunto per il futuro?

Pericle, un modello di lungimiranza

Secondo autorevoli sociologici, oggi siamo soggiogati dalla logica dell'utile immediato: strategie di azione, progettualità e obiettivi si limitano al breve periodo, trascurando le prospettive a lungo termine. Manca, insomma, la "lungimiranza", cioè la capacità di guardare lontano e di tenere d'occhio la complessità. Tutto il contrario di quello che ci insegna Pericle (495-429 a.C.), la cui condotta politica dovremmo prendere a modello per il nostro futuro, come suggerisce una recensione di Carlo Petrini al libro di Jorgen Randers, *2052. Scenari globali per i prossimi 40 anni* (Edizioni Ambiente, Roma 2013).

Forse un'idea, mentre parliamo di futuro, ce la possono dare alcuni brani di un discorso di 2500 anni fa, il discorso di Pericle agli Ateniesi datato al 431 a.C.: "Qui ad Atene noi facciamo così. Qui il nostro governo favorisce i molti invece dei pochi e per questo viene chiamato democrazia. [...] Un uomo che non si interessa allo Stato noi non lo consideriamo innocuo, ma inutile: e benché in pochi siano in grado di dar vita a una politica, tutti qui ad Atene siamo in grado di giudicarla".

(C. Petrini, *La lezione di Pericle per il futuro*, in "la Repubblica", 13 aprile 2013)

Pericle restò al potere per quasi un ventennio: con le sue misure, sia pure non sempre limpide, garantì una prosperità straordinaria alla sua città, che gli rinnovò costantemente la fiducia. Incorruttibile, poco prima della morte, istituì, primo e unico in Grecia, una sorta di riserva monetaria per le emergenze, prevedendo tempi difficili per la sua patria, come poi avvenne effettivamente: un esempio di lungimiranza, che i suoi successori non capirono, dilapidando in breve tempo quelle risorse. Esaltando il sistema democratico, che lui stesso contribuì a creare, Pericle evidenzia il concetto di *bene pubblico* come cardine della democrazia; ma soprattutto elogia la capacità critica dell'opinione pubblica ateniese, in grado di capire e valutare l'operato dei governanti.

Lisistrata, la determinazione delle donne

La cronaca degli ultimi anni documenta una forma piuttosto singolare di sciopero, quello del sesso. Il caso più recente (febbraio 2014) si registra in Giappone, dove un gruppo femminista ha indetto questa forma di protesta per bloccare il tentativo di modificare le norme contro la guerra contenute nella Costituzione nipponica. Nel novembre 2013 un analogo sciopero si ebbe in Colombia; nel 2011, in Belgio, la senatrice Marleen Temmerman lo lanciò per costringere i politici a formare un governo dopo otto mesi di inutili trattative.

La protesta delle donne giapponesi, colombiane e belghe ha un precedente antico nel V secolo a.C.: nell'opera *Lisistrata*, il commediografo greco Aristofane immagina che un'intraprendente donna, dal nome Lisistrata, stanca della guerra del Peloponneso, convinca le donne ateniesi e spartane a iniziare uno "sciopero del sesso" finché non si arrivi alla pace. Gli uomini, dopo aver tentato inutilmente di risolvere la situazione, sono costretti a stipulare un accordo per poter riabbracciare le loro mogli. Non dobbiamo, però, vedere in Aristofane un femminista: la sua era una trovata comica e come tale venne apprezzata dal pubblico in un mondo in cui le donne erano considerate, per natura, subordinate all'uomo. Oggi, invece, in alcuni casi, la trovata di Lisistrata si è rivelata efficace.

Locandina di una recente rappresentazione della commedia *Lisistrata*.

Antichi & Moderni

1. *Lisistrata* è, ancora oggi, tra le commedie antiche più rappresentate: qual è la ragione del suo successo contemporaneo? Argomenta una risposta e confrontala con quella dei compagni.
2. La lezione politica di Pericle, antica di 2500 anni, viene ancora oggi indicata come modello auspicabile per il nostro futuro: ma quali erano i limiti della democrazia ateniese? Se un tale ordinamento venisse riproposto oggi, lo chiameremmo ancora "democratico"?

3. Immagini del potere

USA *caput mundi*

America as a New Rome: con questo motto gli americani sintetizzano la loro aspirazione a diventare una nuova Roma. La stessa residenza del Presidente è un tributo alla storia romana: la Casa Bianca è realizzata in stile neoclassico ed è situata a Capitol Hill, forma inglese di *Capitolium,* sede degli imperatori a Roma.

Nell'epoca romana ha origine, inoltre, un concetto che ha caratterizzato poi la riflessione politica e militare nei secoli successivi: l'idea dell'impero sovranazionale, garante di pace e prosperità, esteso a popoli diversi, con una lingua comune e leggi valide per tutti. Nel corso della storia molte dominazioni si sono considerate eredi di quella romana: per esempio, il Sacro Romano Impero di Carlomagno e l'impero degli zar di Russia, che orgogliosamente si proclamavano "la terza Roma", quella definitiva dopo Bisanzio che era stata la seconda.

Edward Luttwak, consulente di strategia militare del Pentagono, il supremo comando militare statunitense, si richiama esplicitamente al mondo romano nel suo celebre libro *La grande strategia dell'impero romano*, opera di grande successo uscita nel 1976 e più volte ristampata e aggiornata.

La Casa Bianca, residenza del presidente degli Stati Uniti, a Capitol Hill (Washington).

> Come i Romani ci troviamo oggi di fronte alla prospettiva non di un conflitto decisivo, ma di un permanente stato di guerra, seppure limitato. Come i Romani, dobbiamo proteggere attivamente una società avanzata contro una varietà di minacce [...] e soprattutto, data la natura delle armi moderne, dobbiamo limitarne l'uso. Paradossalmente la rivoluzionaria trasformazione della natura della guerra moderna ha fatto sì che il pensiero strategico dei Romani venisse a essere estremamente vicino al nostro.
>
> (E.N. Luttwak, *La grande strategia dell'impero romano*, RCS Libri, Milano 1997)

È una dichiarazione esplicita del valore e dell'utilità della strategia di Roma per le guerre moderne, dall'uso dimostrativo della forza alle cosiddette "guerre preventive". Non è un caso se a West Point e in altre prestigiose accademie americane si studia la storia militare del mondo classico.

Il "dilemma romano" del XXI secolo

Alcuni storici, come l'americano Harold James, hanno proposto un'analogia tra l'universalismo romano e la globalizzazione contemporanea, con particolare riferimento al cosiddetto "dilemma romano": ogni società globale dipende da un sistema di regole per costruire la pace e la prosperità, ma tale sistema

> porta inevitabilmente a contrasti interni, rivalità internazionali e persino guerre. Com'è accaduto nell'antica Roma, un ordine mondiale basato su regole alla fine sovverte e distrugge se stesso [...]. Il risultato è una continua fluttuazione tra la pacificazione e la distruzione dell'ordine interno.
>
> (H. James, *The Roman Predicament*, Princeton University Press 2006)

Dunque, secondo l'autore, un organismo politico, benché retto da buone regole, può entrare inesorabilmente in crisi per vari motivi – dai fattori economici alle ambizioni personali dei capi – e degenerare in lotte interne ed esterne fino al momento in cui riprende il sopravvento il bisogno di pace e ordine.
L'impero romano non riuscì a superare questa crisi, ma noi contemporanei, tenendo presente la lezione romana, potremmo evitare di compiere lo stesso errore.

Esibire il potere e la vittoria

Processioni, cortei, scorte che accompagnano un potente fanno parte della storia della civiltà da tempi remoti. All'origine di queste manifestazioni ci sono motivi di prestigio e di sicurezza. Nel mondo romano i generali vittoriosi di ritorno da una guerra avevano diritto a un sontuoso corteo celebrativo, tra ali di popolo festante: era il *triumphus*, il "trionfo", termine che tuttora indica il successo in qualche campo. Inoltre, consoli e magistrati particolari avevano una scorta. Infine i notabili si mettevano in mostra con il loro codazzo di servi e *clientes*. Tutto questo accade in modo molto simile ancora oggi. Anche i cortei trionfali non sono venuti meno in epoca contemporanea, per sottolineare una vittoria militare o di altra natura.

Parigi, 1940: truppe tedesche sfilano sotto l'Arco di Trionfo; con questa parata l'invasore volle celebrare la propria vittoria e al tempo stesso umiliare lo sconfitto.

Claude-Joseph Vernet, *Il trionfo di Lucio Emilio Paolo*, 1789.

4. Persistenze simboliche

L'importanza dell'immagine

"Un'immagine vale diecimila parole", recita un antico detto: anche greci e romani avevano compreso l'efficacia del simbolo visivo, dell'icona, per veicolare idee e messaggi. Tra le varie figure simboliche, ve ne sono due, in particolare, che hanno avuto molta fortuna nel contesto moderno: l'arco e l'aquila.

L'arco

L'arco è una struttura architettonica antichissima: noto ai Greci, sebbene poco usato, e presente nelle città etrusche, è soprattutto nel mondo romano che trova il suo maggiore utilizzo decorativo e simbolico. L'arco è infatti uno dei segni tipici della presenza di Roma non solo nelle grandi città dell'impero, ma anche nelle località più sperdute ai confini. Nella capitale, sotto gli archi di trionfo transitavano i generali vittoriosi; nei luoghi più remoti, invece, l'arco aveva una funzione di propaganda e monito in quanto segnalava la presenza e la potenza dei dominatori.
Architetti moderni e contemporanei hanno emulato i romani, tanto che in tutta Europa si possono ammirare archi di trionfo, in stile neoclassico o rivisitato, con un chiaro valore simbolico: l'arco è la celebrazione della collettività, la spettacolare messa in scena del potere, l'autoglorificazione di un paese.

L'arco trionfale di Diocleziano del IV secolo a Sbeitla, in Tunisia.

Il Grande Arche de la Défense di Parigi, inaugurato il 14 luglio 1989.

L'aquila

Tra tutti i simboli antichi, l'aquila è quello che ha goduto di maggiore e più duraturo successo. Nel mondo greco l'aquila è l'uccello sacro a Zeus, il suo messaggero, e tale significato conserva nella Roma arcaica; ma a partire dall'età tardo-repubblicana il simbolo viene "politicizzato": con il generale Caio Mario (II - I secolo a.C.) l'aquila diventa vessillo dell'esercito romano, fissata in un'iconografia precisa: posata con le ali spiegate sopra delle saette e circondata da una corona di alloro.

Tra gli innumerevoli utilizzi moderni dell'aquila, segnaliamo due casi attinti alla simbologia americana.

Nel logo dei *marines*, le truppe da sbarco dell'esercito statunitense, l'aquila non è poggiata sui fulmini, ma su una sfera che rappresenta il mondo, attraversato da un'ancora: l'ancora è segno di stabilità, di fermezza, mentre l'aquila simboleggia la forza e al contempo lo sguardo acuto che domina su tutto. Il logo, disegnato nel 1868, ha tradotto in immagine la vocazione "imperiale" della nascente potenza americana. Il motto *semper fidelis* ("sempre fedele") allude alle regole di onore e disciplina dei *marines*, simili ai duri principi che vigevano nell'esercito romano.

Le insegne di due legioni romane, con le onorificenze ottenute e l'aquila dalle ali spiegate.

Il logo attuale dei *marines*.

Sulla moneta americana da 1 dollaro è raffigurata un'aquila in volo con il motto latino *e pluribus unum*, "di moltissimi una sola cosa". L'aquila suggerisce l'idea di un'eredità storica raccolta e rinnovata; il motto, invece, riprende un concetto espresso dal poeta latino del V secolo d.C., Rutilio Namaziano, "Fecisti patriam diversis gentibus unam" (Rutilio Namaziano, *De Reditu* I, v. 63): "Tu, Roma, hai fatto di popoli diversi una sola patria". È un parallelismo limpido: la nascita della nazione americana è il frutto del contributo di tanti popoli che migrarono nel Nuovo Mondo, così come l'impero romano fu il risultato della fusione di tante genti in un'unica compagine statale.

Il logo attuale dei *marines*.

Antichi & Moderni

Tra i simboli persistenti abbiamo visto l'arco e l'aquila, ma ve ne sono molti altri: indicane qualcuno, esemplificando con immagini le tue scelte.

Attività

Lessico

1. Molti termini classici sono stati riutilizzati in vari ambiti di attività. Abbina correttamente le parole e le espressioni relative all'ambito economico alle definizioni corrispondenti.

Parole	Espressioni
a. *Deficit*	1. Senza pagare
b. *Una tantum*	2. Guadagno da azioni in Borsa
c. *Pro capite*	3. Polizza assicurativa per autoveicoli che lega la diminuzione o l'aumento del premio al fatto che l'automobilista abbia provocato o non provocato incidenti
d. *Gratis*	4. Detto di qualcosa che si distribuisce a testa, singolarmente
e. *Bonus malus*	5. Tassa che si applica o compenso che si dà solo una volta
f. *Dividendo*	6. Ammanco di denaro in un bilancio

2. Riconosci il significato originario dei termini latini in ambito militare dai loro derivati italiani.

Parole italiane	Parole latine	Significato originario
Bellico, bellicoso, belligerante	*Bellum*	....
Pugnace	*Pugna*	....
(Tecnica) ossidionale	*Obsidione(m)*	....
Militare, militaresco, milizia	*Milite(m)*	....
(Truppe) ausiliarie	*Auxilium*	....

3. Le parole italiane "speculazione" e "speculatore" derivano dal vocabolo latino *speculatore(m)*, che significa spia dell'esercito mandata in territorio nemico a osservare ogni dettaglio utile per una vittoriosa campagna militare. Come si collega, secondo te, la "spia" latina al moderno affarista che "specula" in Borsa?

....

....

4. A partire dal significato delle parole latine, definisci le parole e le espressioni di uso comune in ambito giuridico:

lessico giuridico italiano	parole latine
In dubio pro reo	*Dubium*, "dubbio"; *reus*, "imputato"
Ope legis	*Lex*, "legge"; *opus*, "opera"
Nulla osta	*Nihil*, "niente"; *obstare*, "ostacolare"
Doloso	*Dolum*, "inganno"

Lettura dei testi

5. Plutarco, scrittore greco del II secolo d.C., ha scritto *Le vite parallele*, raccolta di biografie di personaggi greci e romani. A Pericle è dedicato un ampio racconto, nel quale gli vengono attribuite intuizioni politiche geniali, oggi diventate procedure abituali, come i *summit* internazionali. Dopo aver letto il seguente brano, rispondi alle domande.

> Così propose al popolo di invitare tutti gli Elleni, ovunque risiedessero, in Europa come in Asia, in città grandi e piccole, a mandare delegati a un concilio da tenersi in Atene per discutere sui seguenti punti: santuari ellenici bruciati dai barbari; sacrifici agli dei in seguito al voto fatto perché salvassero l'Ellade durante la guerra contro i Persiani; misure per garantire a tutti tranquillità di navigazione e il mantenimento della pace. Venti cittadini di età superiore ai 50 anni furono spediti in missione [...] sollecitando tutti questi popoli a inviare ad Atene loro rappresentanti per partecipare alle deliberazioni da prendere riguardo alla pace e ad un'azione comune tra gli Elleni. Non se ne fece niente; nessuna città si fece viva ad Atene per l'opposizione, a quanto si dice, dei Lacedemoni, e gli intoppi che il tentativo trovò anzitutto nel Peloponneso; pure ho citato l'episodio per far vedere la genialità di Pericle e la grandiosità delle sue concezioni.
>
> (Plutarco, *Vite parallele*, trad. di C. Carena, Mondadori, Milano 1974)

a) Su quali punti si doveva tenere il congresso degli elleni ad Atene?

....

b) Come mai furono scelti uomini di età matura come ambasciatori?

....

c) Perché fallì il progetto?

....

d) Perché Plutarco parla di “grandiosità” dell'intento di Pericle?

....

Approfondimento

6. Come simbolo del partito fascista Mussolini adottò il fascio littorio, qui a fianco raffigurato, da cui il partito stesso prese il nome. Svolgi una ricerca in proposito e rispondi alle domande.

a) Che cos'era in età romana il fascio littorio?

....

....

b) Chi erano i littori?

....

....

U2

contenuto integrativo

La pubblicità

“È un classico”. Spesso sentiamo attribuire questo commento agli oggetti più disparati: un libro, un monumento, un evento, ma anche un capo di abbigliamento, un accessorio, un oggetto per indicare un prodotto che non passa mai di moda e che risponde a certi requisiti di eleganza, equilibrio, cura formale, insomma, di perfezione compositiva o funzionale, come i “classici” appunto.

Lo hanno ben compreso le agenzie pubblicitarie, che nel nome, o nel logo, di un prodotto o di un marchio sempre più spesso richiamano immagini, parole e suggestioni tratte dall’antichità greco-romana, associando l’idea dell’indiscussa qualità del “classico” all’oggetto da promuovere. Talvolta non c’è alcun rapporto tra le immagini e il prodotto: il riferimento all’antico è un involucro attraente, un richiamo alla bellezza fuori dal tempo per mediare in forme gradevoli e seducenti la forza del marchio.

La gamma dei riferimenti è molto ampia, si va dalla ripresa esplicita all’allusione dotta, in modo da soddisfare i clienti di ogni *target*: quelli più colti sono capaci di decodificare il messaggio, apprezzandone le sfumature, gli altri sono semplicemente attirati dalla bella immagine o dalla parola dotta, pur non soffermandosi sui suoi significati. Così accade che, nel riconoscere la citazione erudita della pubblicità, l’acquirente si senta gratificato e apprezzi maggiormente il senso riposto dello spot. Infatti, oggi la pubblicità è estremamente pervasiva e sempre più raffinata, dal momento che non si limita a presentare un oggetto, ma a esso associa valori, aspettative e anche cultura.

Gli esempi analizzati di seguito rendono immediatamente evidente la “produttività” del patrimonio classico in pubblicità. Il fatto che i promotori di campagne pubblicitarie continuino ad attingere al mondo antico è indice della qualità dei risultati che quella civiltà ha conseguito e dell’attrattiva che continua oggi a esercitare.

1. Basta l'immagine

Una campagna della Coca-Cola

A volte un marchio è associato a un'immagine così famosa che non ha bisogno di essere accompagnata da parole. Succede per molte pubblicità relative ai più svariati prodotti, ma un caso esemplare è quello della Coca-Cola.
Tra le innumerevoli campagne pubblicitarie della famosa bibita diffusa a livello planetario, quella del 1992 è particolarmente riuscita: non c'è logo, perché non ce n'è bisogno; a presentare la bevanda basta la sola forma della bottiglietta che ha reso il prodotto celebre e immediatamente riconoscibile da tutti, in tutto il mondo.

Pubblicità della Coca-Cola.

Il Partenone (V secolo a.C.).

Nell'abile fotomontaggio le colonne del Partenone, il più celebre monumento dell'arte greca, sono sostituite da pseudo-colonne che riproducono la bottiglia della bevanda, con un'associazione di idee facilmente intuibile: il prodotto è ormai un "classico", un'opera d'arte della modernità, pronta a sfidare i secoli, non meno del Partenone, millenaria testimonianza di forma artistica unica e nota a chiunque.
Le due "opere" sono dunque sovrapponibili: non c'è nessun intento trasgressivo o irriguardoso; classicità e modernità possono convivere in una sintesi che piace e diverte.

2. Quando il nome è un programma

Basta una parola

Spesso parole greche e latine sono scelte per un lancio pubblicitario non solo per il loro fascino "esotico", che ha presa sul consumatore, ma soprattutto perché sono in grado di condensare il messaggio in un termine.
Del resto uno dei consigli che dava il filosofo latino Seneca (I secolo d.C.) al suo discepolo Lucilio era: "Devi riuscire a esprimere più idee di quante parole usi" ("plus significas quam loqueris", in *Epistulae morales ad Lucilium* V). Alcuni creativi moderni lo seguono alla lettera. Vediamo qualche esempio particolarmente efficace.

Un marchio, una garanzia

I luoghi che fanno da sfondo alle imprese richiamate dai marchi pubblicitari che proponiamo sono la città di Troia in Asia Minore (odierna Turchia), la pianura che dalle sue mura si distendeva fino al mare percorsa dai fiumi Scamandro (o Xantho) e Simoenta, e l'accampamento acheo, vicino al mare.

Kairos è l'impegnativo, ma quanto mai adatto, nome scelto per un'agenzia che opera in Borsa. In greco, infatti, il *kairòs* era il "momento propizio", ovvero "l'occasione irripetibile" che bisognava cogliere al volo. Il messaggio è più che chiaro: già dal nome, l'agenzia suggerisce implicitamente all'investitore che le affida i suoi risparmi di essere la sua "occasione irripetibile". In aggiunta, nel logo si vede il profilo di Pegaso, mitico cavallo alato, protagonista di mirabolanti imprese, capace di levarsi in volo nelle regioni più alte del cielo: un'allusione alle capacità dell'operatore finanziario dell'agenzia.

Beltion, il nome scelto per l'azienda di borse, in questo caso rimanda a un aggettivo greco, di grado comparativo, *bèltion*, che significa "migliore". Insomma, un nome che è già una garanzia, perché il termine reca in sé l'idea della superiorità dell'articolo prodotto e pubblicizzato rispetto alla concorrenza.

Pandora, il nome di una nota marca di gioielli, si riferisce a una figura mitologica: dal greco *pan*, "tutto", e *dòron*, "dono", Pandora è "colei che ha tutti i doni"; si tratta di una magnifica donna plasmata dal dio Efesto, adornata dalle dee dell'Olimpo di bellissimi doni e inviata lei stessa come dono a Epimeteo, fratello del più celebre Prometeo, benefattore dell'umanità.

Dal nome, quindi, si intuisce il messaggio che si vuole trasmettere: questi gioielli sono il dono che meritano le donne, che andrà ad accrescere ulteriormente il loro splendore.

Profumi impregnati di classico

La *maison* Versace ha voluto utilizzare per uno dei propri profumi un nome classico esplicito, quello del dio dell'amore, Eros. Sia il videoclip che il manifesto del profumo "grondano" classicità, a cominciare dal logo della ditta, la testa di Medusa, che campeggia al centro del flacone contornata dal tipico meandro greco (cioè un elemento decorativo formato da una linea retta che si ripiega su se stessa) e sotto alla quale c'è il nome dell'aroma. Nella pubblicità, a reggere la confezione del profumo c'è un muscoloso giovane con indosso soltanto un drappo svolazzante, il cui orlo richiama il motivo decorativo del meandro.

Al di là della verosimiglianza del fotomontaggio, ciò che interessa in questa sede è l'abbinamento oggetto-simbologia antica: il dio dell'amore, che nel mito greco è poco più di un ragazzino, anche un po' capriccioso, dotato di arco e frecce, qui appare come un irresistibile giovane, garante dell'efficacia del prodotto; chi lo usa acquisirà fascino, forse accenderà cuori femminili, sicuramente si distinguerà da tutti gli altri.

Campagna di lancio del profumo Versace.

Eros che incorda l'arco, I-III secolo d.C. (copia romana di un originale di Lisippo del IV secolo a.C.), Roma, Musei Capitolini.

Il nome vincente

Il successo di un marchio o di una campagna pubblicitaria è legato a svariati fattori, ma sicuramente indovinare il nome giusto del prodotto può risultare decisivo, come è evidente dagli esempi che seguono, costruiti sull'idea di vittoria.

La Nike ha scelto per la sua azienda un termine greco denso di implicazioni. Quando fondarono la ditta, gli ideatori del marchio vollero scegliere un nome beneaugurante e ricorsero per questo alla parola greca *Nìke*, che significa "vittoria" (in greco, il termine si legge come è scritto, mentre l'inglese rende la *i* con [ai]). Nike è tra i marchi più noti al mondo, soprattutto presso il pubblico giovanile; non meno famoso del nome è il logo, lo *swoosh*, il caratteristico segno ricurvo, che fu creato nel 1971, quando Phil Knight, direttore dell'azienda, diede incarico a una giovane neo-laureata, la creativa Carolyn Davidson, di trovare un simbolo adatto al marchio; Carolyn decise di stilizzare nel famoso *swoosh* un'immagine celebre del mondo greco, la statua della

Vittoria (*Nike*, appunto) di Samotracia, scultura eretta nel 180 a.C. dai rodiesi nell'isola di Samotracia a perenne ricordo di una vittoriosa battaglia navale. Così la rappresentazione della donna alata, simbolo della vittoria, che plana in volo, si trasformò in un segno grafico di strepitoso successo.

Marchio dell'azienda che produce accessori e abbigliamento sportivi.

Nike di Samotracia, scultura in marmo (II secolo a.C.), Parigi, Museo del Louvre.

Come nome per un profumo, il produttore ha scelto dal lessico latino un termine che veicolasse un'idea di successo, Invictus.
Nel mondo romano *invictus*, "invincibile", era l'appellativo di atleti pluri-vittoriosi: dunque, per facile deduzione logica, il profumo reclamizzato è destinato a uomini vincenti, di cui vuole quasi marcare la superiore presenza, l'aura da trionfatori.
Nello spot televisivo, il testimonial, in un'arena stracolma di gente, annienta gli avversari, riceve la coppa e poi, negli spogliatoi, si gode il secondo trofeo: delle bellissime ragazze coperte soltanto da sottili veli. Si riproduce in questo modo anche un codice di comportamenti tipico del contesto agonistico omerico: gli eroi poderosi e invincibili dell'*Iliade*, oltre a oggetti preziosi e pregiati ricevevano, quale premio del loro valore, donne, cioè schiave, in numero variabile secondo l'importanza del vincitore. Il "maschilismo" dello spot è in effetti la riproposizione di un modello culturale greco arcaico, in cui la donna è solo la preda del guerriero.

Pubblicità di un profumo maschile.

Antichi & Moderni

1. Per quale motivo, secondo te, richiamare o inserire elementi del mondo greco e romano nella pubblicità di un prodotto o di un marchio dovrebbe spingere il pubblico ad acquistarlo e a preferirlo ad altri?
2. Come hai letto nel testo, alcune aziende o ditte hanno scelto come proprio nome termini greci e latini che riassumono con grande efficacia e immediatezza le qualità che si vogliono pubblicizzare. Conosci, oltre a quelli indicati, altri marchi che usano una strategia analoga? Prova a cercarli e spiegane l'origine classica e il significato.
3. Oltre a Versace, molte altre case di moda – ad esempio Valentino e Dolce &Gabbana – fanno largo ricorso nelle loro collezioni di abiti e accessori a elementi che richiamano direttamente l'antichità. Fai una ricerca su Internet e individua – nei marchi indicati o in altri – i riferimenti classici utilizzati per promuovere nuove collezioni di moda e spiegane il significato.

3. L'allusione giusta

Un valore aggiunto

Alcuni produttori puntano su riferimenti colti al mondo classico apparentemente senza legami diretti, o percepibili immediatamente, con l'articolo: è un modo per trasmettere una sorta di "valore aggiunto" a rinforzo dell'efficacia di marketing.

Nella pubblicità di una linea cosmetica, un messaggio chiaro accompagna l'immagine: Artemis. Un nome divino per una linea cosmetica profondamente diversa dalle altre. Il segreto si cela nell'ottimale connubio tra natura e alta tecnologia. Il testo esplicita la scelta del nome di una divinità greca per la linea cosmetica: Artemide era la divinità protettrice dei boschi, dei luoghi selvaggi, insomma della Natura incontaminata, da cui il prodotto attinge i componenti attivi, adeguatamente "addomesticati" dalla tecnologia per offrire il meglio alle consumatrici. Il nome della dea che funge da marchio è perciò sinonimo di naturalità.

Pubblicità di una linea di cosmetici.

Non c'è uno specifico collegamento tra la denominazione Omero e gli oggetti commercializzati da questo *brand*: il richiamo al più celebre poeta dell'antichità (accompagnato dal disegno stilizzato di capitello dorico come logo) vuole sottolineare non solo il carattere di "classicità" della produzione, ma anche la qualità indiscussa e senza rivali, proprio come quella della poesia di Omero. L'azienda è andata oltre: ha creato delle linee di articoli chiamandole con altri nomi mitologici, quali Eris, Iride, Calipso, Eracle.

OMERO
COLLANTS AND UNDERWEAR

Marchio di un'azienda che produce calze e biancheria intima.

4. Un'invenzione moderna?

La pubblicità degli antichi

L'idea di reclamizzare un evento, un negozio, un prodotto è nota al mondo antico, soprattutto a Roma, in forme certamente meno sofisticate di oggi, ma comunque funzionali. Non mancano al riguardo testimonianze pervenute fino a noi: in primo luogo insegne di botteghe e poi graffiti sui muri, l'equivalente di manifesti o volantini moderni, con cui si annunciavano spettacoli o si pubblicizzavano mercanzie vendute da negozi e locali.

Bottega di pollivendola. Rilievo del II secolo d.C., scavi di Ostia Antica, Antiquarium Ostiense, Ostia.

Due clienti, a sinistra, sembrano indecisi tra l'acquisto di un coniglio, che uno di loro tiene appeso per le zampe, o di una delle anatre pendenti dalla trave. Al centro, dietro al bancone, una donna, forse la padrona, offre a un altro cliente dei fichi. A destra sul bancone si vedono due scimmie, spesso presenti nelle botteghe dell'antichità per attirare i compratori.

Riportiamo al riguardo un paio di graffiti da Pompei:

ALBERGO: QUI SI AFFITTA UN TRICLINIO A 3 LETTI CON TUTTI I CONFORT
(CIL, IV, 807*)

LA SQUADRA DI GLADIATORI DELL'EDÌLE AULO SUETTIO COMBATTERÀ A POMPEI IL 31 MAGGIO; CI SARANNO LA LOTTA CON LE BELVE E I TELONI.
(CIL, IV, 118)

I giochi offerti da privati venivano reclamizzati con appositi "manifesti". Nell'esempio riportato si riscontra un dettaglio non indifferente: la presenza sopra gli spalti di teloni protettivi, molto gradita agli spettatori specialmente in giornate calde, il cui allestimento richiedeva personale specializzato, e quindi era anche molto costoso.

*CIL = *Corpus Inscriptionum Latinarum*, raccolta delle iscrizioni latine.

Attività

Lessico

1. Proponiamo nella colonna di sinistra una lista di parole latine che sono marchi di prodotti di uso quotidiano e nella colonna di destra i prodotti. Abbina correttamente il marchio al prodotto.

Lessico latino		Prodotti
Algidus, algida	"freddo, fredda"	Burro
Magnum	"grande"	Detersivo
Optimus	"il migliore"	Elettrodomestici
Aiax	nome di un fortissimo eroe greco	Detersivo in polvere
Vim	"forza"	Gelato
Rex	"re, sovrano"	Gelato

2. Le case automobilistiche sembrano avere un debole per i nomi latini e greci.
Ti presentiamo nella colonna di destra una lista di marchi di auto e nella colonna di sinistra una di termini latini e greci con cui alcuni dei loro modelli sono stati commercializzati. Abbina correttamente il termine al marchio.

Termini latini e greci		Marchi
Modus	"misura"	Toyota
Carina	"chiglia della nave"	Renault
Focus	"focolare"	Renault
Ignis	"fuoco"	Ford
Clio	musa protettrice della Storia	Suzuki
Aveo	"io desidero ardentemente" (verbo)	Chevrolet
Fedra	"Fedra", figura mitologica	Volkswagen
Phaeton	"Fetonte", figura mitologica	Lancia
Terios	"belva"	Nissan
Micra	"piccola"	Ford
Transit	esso "transita" (verbo)	Lancia
Diva	"diva"	Skôda
Octavia	"Ottavia", nome latino	Daihatsu
Matrix	"genitrice, origine"	Fiat
Ulysse	"Ulisse"	Opel
Astra	"stelle"	Hyundai

Lettura delle immagini

3. Nella prima figura vediamo un giovane appoggiato in posa plastica su dei ruderi; nella seconda figura invece possiamo osservare un *telamonio*, cioè un elemento architettonico di templi e palazzi antichi che prende il nome dall'eroe greco Aiace Telamonio, uomo fortissimo. I *telamoni* erano collocati al posto di colonne, per sorreggere la trabeazione delle strutture. Osserva le immagini e rispondi alle domande.

a) Quale legame c'è, a tuo avviso, tra le due immagini?
b) Che cosa vuole trasmettere il marchio al cliente nel presentare così il suo prodotto?

4. Una ditta concorrente di Nike non ha voluto essere da meno nel richiamarsi alla classicità in termini ancor più espliciti: il *Discobolo* di Mirone, capolavoro dell'arte greca del V secolo a.C., viene imitato nella foto pubblicitaria da un giovane dal fisico "marmorizzato", naturalmente con le scarpe pubblicizzate ai piedi. Osserva le immagini e rispondi alle domande.

a) La composizione moderna è fedele all'originale?
b) Come mai il giovane ha dei "pezzi" mancanti e delle fessurazioni sul corpo? Che cosa si intende comunicare?
c) Ritieni più efficace questa pubblicità o quella della Nike?

5. Nettuno era il dio del mare, ma anche dei terremoti, nonché padre di creature dalla forza mostruosa (come i Ciclopi); il suo simbolo, e segno del potere, era il tridente. Osserva le immagini e rispondi alle domande.

a) Perché una prestigiosa fabbrica automobilistica l'ha scelto come logo?
b) Quale tipo di auto si vuole reclamizzare con questa immagine?

6. Nel manifesto proposto qui a fianco, poco sotto la mano sinistra della ragazza, c'è la seguente espressione latina: *modus vivendi*, cioè "modo di vivere". Osserva le immagini e rispondi alle domande.

a) Quale prodotto è pubblicizzato?
b) A quale tipo di clientela si rivolge?

7. Gli enti del turismo di Turchia e Tunisia intendono attirare visitatori proponendo spot improntati alla classicità: il manifesto turco mostra in primo piano una ragazza abbigliata all'antica e uno sfondo con i resti di un tempio greco; quello tunisino è invece il fotomontaggio di un campo da golf dentro un anfiteatro romano. Osserva le immagini e rispondi alle domande.

a) Perché i due enti puntano sul patrimonio antico?
b) Fai una ricerca sulla storia della Turchia.

APPROFONDIMENTI

8. Molte pubblicità degli ultimi anni sono ambientate in una cornice romana, pur mostrando evidenti anacronismi per esigenze di marketing. Svolgi una ricerca al riguardo utilizzando Internet e rispondi alle domande.

a) Quali sono gli anacronismi che riesci a individuare?
b) Come viene deformato il contesto romano?

Per aiutarti nella ricerca consulta il sito www.italipes.com, dove si trovano moltissime indicazioni sul classico in pubblicità.

9. Visitando il sito indicato nell'esercizio precedente si possono scoprire divertenti spot con Nerone, il sovrano più noto dell'impero romano. Scrivi un testo di commento (20 righe) sulle pubblicità che hanno come protagonista questo imperatore, a partire da quella presentata nell'immagine a fianco.

U3

contenuto integrativo

Il cinema

Il mondo antico ha da sempre rappresentato una straordinaria fonte d'ispirazione per la cinematografia. Il cinema ha così offerto sia film in cui l'antichità greca e romana è richiamata attraverso allusioni, citazioni e simboli inseriti in storie contemporanee o proiettate nel futuro, sia film in cui sono raccontati, più o meno fedelmente, eventi attinti direttamente alla storia o alla mitologia classica.

1. Citare l'antico

Parole e simboli

Il richiamo e la valorizzazione dell'antico nel mondo del cinema possono avvenire con varie modalità, con un titolo, oppure con citazioni all'interno dei dialoghi. Proponiamo alcuni esempi.

Il titolo è una data: *Le idi di marzo*, cioè il 15 marzo 44 a.C., il giorno dell'omicidio di Cesare, una sorta di resa dei conti, l'epilogo drammatico dell'inarrestabile carriera politica di un uomo ambizioso e privo di scrupoli. Non a caso è stato scelto come titolo del film americano di George Clooney (2011) che narra i retroscena dell'ascesa di un candidato alla Casa Bianca, invischiato in torbide storie senza esclusione di colpi, ma che alla fine dovrà pagare il suo prezzo per il potere.

Tra gli imperatori romani Marco Aurelio è ricordato come il "filosofo"; scrisse, infatti, profonde meditazioni, lette e apprezzate da politici, intellettuali, moralisti e... da un criminale, pluriomicida e cannibale, Hannibal Lecter, il protagonista di un memorabile film del 1991, *Il silenzio degli innocenti*, diretto da Jonathan Demme. Eppure Lecter è un uomo raffinato, di vasta cultura, capace di citare Marco Aurelio all'agente dell'FBI in cerca di informazioni utili a catturare un serial killer.

> Prima regola Clarice: semplicità. Leggi Marco Aurelio: di ogni singola cosa chiedi che cos'è in sé, qual è la sua natura. Che cosa fa quest'uomo che cerchi? Clarice Starling risponde: Uccide le donne. Lecter ribatte: No, questo è accidentale. Qual è la prima cosa che fa, uccidendo che bisogni soddisfa? Starling risponde: Rabbia, accettarsi socialmente, frustrazione sessuale... Lecter: No, Clarice. Desidera.

Nel film *La sottile linea rossa,* realizzato da Terrence Malick nel 1998, gli americani assaltano e conquistano, dopo una lotta feroce, le fortificazioni dei giapponesi a Guadacanal, isola nell'Oceano Pacifico, nel 1942. Il colonnello che guida l'attacco americano, alla vigilia dello sbarco, guardando all'alba il cielo striato di nuvole rosate, trova il modo di citare Omero e il suo epiteto "aurora dalle dita di rosa", quasi come una parentesi di delicata bellezza prima che si scateni l'orrore dello scontro. E come nell'*Iliade*, alle scene di guerra si alternano immagini di una Natura bellissima e possente, pervasa da forze vitali e distruttive, quasi a riflettere l'agonismo (dal greco *agòn*, "lotta") che governa il mondo degli uomini.

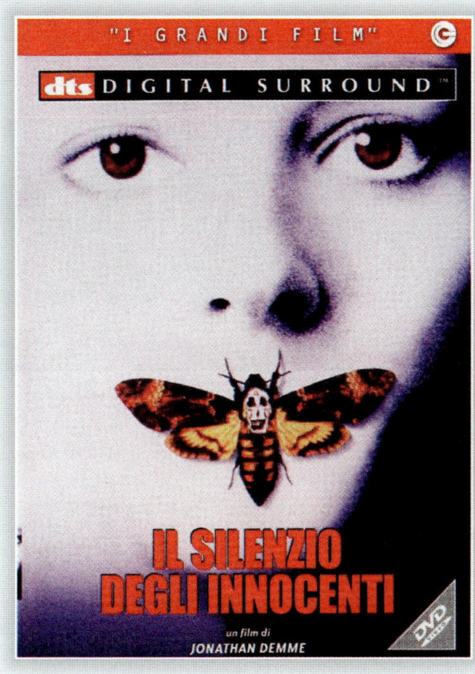

Locandina del film *Il silenzio degli innocenti*, di J. Demme (1991).

Locandina del film *La sottile linea rossa*, regia di T. Malick (1998).

2. Riusare l'antico

Nel regno dell'horror

I Cullen, famiglia di vampiri, protagonisti di una serie di film horror dal titolo *Twilight,* uscita a partire dal 2008 e tratta dall'omonimo romanzo di Stephenie Meyer (2005), sono gli ultimi arrivati di una tradizione millenaria. Infatti, già nelle opere di autori latini si possono leggere inquietanti gesta di vampiri e lupi mannari. Ad esempio Petronio (I secolo d.C.), nel *Satyricon (Il libro dei satiri)*, fa raccontare a un suo personaggio un'incredibile storia. I fan di *Twilight* vi scorgeranno molti dettagli ripresi dal film.

> Per fortuna, il mio padrone era andato a Capua a spedire una partita di stracci. Io afferro l'occasione al volo e persuado un ospite ad accompagnarmi per 5 miglia. Era un militare forte come il diavolo.
> Ci mettemmo in cammino al canto dei galli; la luna splendeva che sembrava giorno fatto. Arriviamo a certe tombe e il mio compagno comincia ad avvicinarsi alle stele funerarie; io mi siedo canticchiando e mi metto a contare le stele. A un tratto volgo gli occhi verso di lui e te lo vedo che si toglie i vestiti e li depone lungo i bordi della via. Io mi sentivo l'anima nelle calcagna e stavo lì più morto che vivo. Quanto a lui, si mette a pisciare intorno ai suoi vestiti e subito si cambia in lupo. Ohè, mica vi racconto frottole; non vi direi una bugia per tutto l'oro del mondo. Dicevo dunque, si cambia in lupo, si met-

te a urlare e scappa in mezzo ai boschi. Io sulle prime non riuscivo a capire in che mondo mi fossi, poi mi avvicinai per prendere i suoi abiti, ma erano diventati di pietra. Se non morii di colpo vuol dire che di paura non si muore. Basta, tirai fuori la mia daga [spada] e andai per tutta la strada menando gran fendenti all'ombra davanti a me, finché non arrivai alla fattoria della mia amante, che era già notte. Entrai che parevo un cadavere; per poco non sputai l'anima; il sudore mi gocciolava giù per la schiena e avevo gli occhi di pesce morto.

Credevo di non riuscire a rimettermi in piedi. La mia Melissa era tutta meravigliata di vedermi arrivare così tardi.

"Se fossi arrivato prima", –mi disse – "almeno ci avresti aiutato. Un lupo è entrato nella fattoria e ci ha scannato tutte le bestie peggio di un macellaio. Però l'ha pagata cara anche se è riuscito a scappare: uno dei nostri schiavi gli ha passato la lancia attraverso il collo".

A sentir questa non potei chiuder occhio per tutta notte e, appena giorno, scappai a casa di Gaio, nostro padrone, come un mercante svaligiato. Arrivato al punto dove gli abiti erano diventati di pietra ci trovo solo una pozza di sangue. Quando giunsi a casa, il mio militare se ne stava a letto, giù come un bove caduto in un fosso, e un medico gli curava il collo. Io capii che era un lupo mannaro e, da allora in poi, non avrei mangiato un boccone di pane con lui, nemmeno se mi ammazzavano [...].

(Petronio, *Satyricon*, 61-62, trad. di U. Dettore, Rizzoli, Milano 1981)

Locandina del film *Twilight*, diretto da Catherine Hardwicke e sceneggiato da Melissa Rosenberg (2008).

Per quanto riguarda i vampiri un precedente interessante si trova nel testo *Asino d'oro* di Apuleio (II secolo d.C.) in cui si narra la storia di un giovane troppo curioso che per un incantesimo diventa asino, conservando però tutte le facoltà della mente umana; durante le sue peripezie, prima di riacquistare sembianze umane, viene a conoscenza delle storie più strane, come quella delle due sorelle streghe-vampire. Questo l'antefatto: un ex-soldato, Aristomene, ritrova un suo compagno, Socrate, assai malconcio. A ridurlo così è stata un'ostessa, Meroe, che lo ha irretito. Solo in seguito, però, Socrate è venuto a sapere che Meroe è una potente strega, capace di ogni malefatta. Così Socrate racconta la sua storia ad Aristomene, il quale reagisce:

Son cose da restare allibiti, quelle che mi stai raccontando, davvero terribili, caro Socrate [...]. Mi hai messo addosso un bel po' di paura, anzi un vero terrore; mi hai messo nell'orecchio non una pulce, ma un calabrone! [...].

Andiamo a letto presto, dormiamo quanto basta per toglierci di dosso la stanchezza, e poi, prima che faccia giorno, scappiamo via di qui, il più lontano possibile!

Mentre gli davo questi consigli, il buon Socrate già si era addormentato e russava forte. Allora chiusi la porta, tirai i chiavistelli, trasportai il mio lettino proprio addosso all'uscio, [...], e mi ci stesi sopra. [...].

Mi ero appena addormentato, quand'ecco improvvisamente, con una forza troppo violenta perché fossero dei ladri, i battenti si spalancarono, o meglio, vengono sbattuti a terra con i cardini divelti e spezzati. Il mio lettino, piccolo, zoppo da un piede e tutto tarlato, a quel gran colpo si ribalta, mi butta per terra, e mi viene addosso coprendomi completamente [...]. E vedo due donne piuttosto su d'età, una con una lampada accesa e l'altra con una spugna e una spada sguainata. Così equipaggiate, si fanno intorno al letto di Socrate, che dormiva tranquillamente. Quella con la spada [...] girandogli la testa dall'altra parte, gli immerge il ferro fino all'elsa nel lato sinistro del collo. Poi avvicina alla ferita un piccolo otre e vi raccoglie tutto il sangue che sgorgava a fiotti, con tanta cura che non si vedeva in giro neanche una goccia. Io ho visto tutto con i miei occhi! E poi, credo per non trascurare niente del rito sacrificale, la brava Meroe gli caccia la mano nella ferita fin giù nelle budella, le fruga ben bene, e tira fuori il cuore del mio povero compagno, mentre dalla gola squarciata da quel colpo tremendo gli veniva fuori una voce, anzi un indistinto stridore, per il gorgogliare del fiato [...].

(Apuleio, *Asino d'oro* I, 11-13, trad. di C. Cavalli, Mondadori, Milano 1996)

Dai dettagli del brano si comprende come anche il sottogenere "splatter" abbia antecedenti antichi. Del resto recentemente è stato pubblicato il testo di un autore greco minore, Flegonte di Tralle, segretario dell'imperatore Adriano (II secolo d.C.), intitolato *Il libro delle meraviglie*, considerato un condensato di temi horror poi ripresi dalla letteratura posteriore. Come afferma il recensore:

In effetti, il *Libro delle meraviglie* è un'autentica archeologia dell'orrore. Uno zibaldone dell'occulto che contiene in nuce tutti i motivi e i plot che nel corso dei secoli successivi alimenteranno l'immaginario *noir*[1]. Spettri-cannibali, mostri assetati di sangue, cadaveri animati, teste tagliate che parlano da sole, insomma un impressionante palinsesto del pulp al tempo della Roma imperiale. La protagonista indiscussa del volume è Filinnio, una ragazza di Anfipoli, in Macedonia, che muore all'indomani del matrimonio, ma dopo un po' rientra nel suo corpo e torna ogni notte nella casa natale, dove seduce un giovane ospite dei suoi genitori. L'uomo non sospetta neanche lontanamente di aver fatto sesso con un *revenant* ["morta resuscitata"] e quando lo viene a sapere si uccide per l'orrore. Mentre il cadavere della ragazza viene bruciato a furor di popolo per impedire che torni ancora dall'aldilà. Vampira e pure mangiatrice d'uomini, la morta innamorata uscita dalla penna di Flegonte è insomma la madre di tutte le *femmes fatales* ["donne fatali"] dell'immaginario, occidentale e non solo. Sono sue figlie la celeberrima sposa di Corinto di Goethe, nonché Carmilla, la pallida succhiasangue nata dalla fantasia dell'irlandese Sheridan Le Fanu. E la romanticissima Arria Marcella di Théophile Gautier che, morta a Pompei durante l'eruzione del 79 dopo Cristo, resuscita dal suo sonno millenario in pieno Ottocento, giusto per fare innamorare perdutamente un giovane archeologo francese in visita agli scavi.

(M. Viola, *Archeo horror. Così duemila anni fa nacquero zombi e vampiri*, in "la Repubblica", 29 ottobre 2013)

1 *Noir* è termine francese, significa "nero" e indica il genere letterario tenebroso, inquietante.

La grande madre

La vicenda narrata nel film *Avatar*, relizzato da James Cameron nel 2009, si svolge sul pianeta Pandora, dove gli indigeni cercano di respingere un tentativo dei terrestri di colonizzare il loro mondo per sfruttarne le risorse. I Na'vi, gli abitanti di Pandora (che in greco significa "tutti i doni"), vivono in armonia con la Natura, che essi chiamano la Grande Madre o Eywa: lei è allo stesso tempo la dea protrettrice di Pandora e la forza che unisce e alimenta tutte le sue creature, di cui regola i rapporti, la vita e la morte. Queste stesse caratteristiche oltre 2000 anni fa gli antichi attribuivano alla loro dea madre, la *Magna Mater* o Cibele, o *Pòthnia Theròn*, "signora delle belve", divinità e forza vitale del mondo, onorata con templi e feste sacre.
In proposito scrisse l'imperatore Giuliano nel 362:

O Madre degli dei e degli uomini, che siedi sul trono del grande Zeus, origine degli dei, tu che partecipi alla pura essenza delle Idee e, accogliendo da questa la causa del tutto, le infondi agli esseri ideali; dea della vita, rivelatrice, provvidenza e creatrice delle anime nostre, tu che hai salvato Attis e lo hai richiamato dall'antro dov'era sprofondato, tu che elergisci ogni bene e ne colmi il mondo visibile: dona a tutti la felicità, al cui som-

> mo è la conoscenza degli dei, fa' che il popolo romano cancelli la macchia dell'empietà e che la sorte favorevole gli conservi l'impero per molte migliaia di anni, fa' che io raccolga, come frutto della mia devozione, la verità della scienza divina, la perfezione nelle pratiche teurgiche, la virtù e il successo in tutte le imprese politiche e militari a cui ci accingiamo, e un termine della vita senza dolore e glorioso, insieme alla speranza di salire, o dei, fino a voi.
>
> (Giuliano, *Inno alla madre degli dei*, 179d-180c)

Cibele era espressione di culti ancor più remoti, primitivi, quando la Terra era la divinità principale, perché fonte di sostentamento e quindi garante della sopravvivenza attraverso i ritmi stagionali, la fertilità dei campi, l'abbondanza di selvaggina.
Insomma, *Avatar* proietta in forma di favola ecologista e fantascientifica un mito della Natura Madre remotissimo: Pandora è un mondo al femminile, in cui una dea buona e amorosa si prende cura delle sue creature, come una madre. E non è tutto. I Na'vi onorano particolarmente un albero, chiamato Albero delle Anime, la più sacra e diretta manifestazione di Eywa, una sorta di cervello pulsante della dea, tramite il quale essa trasmette agli indigeni la sua volontà. Già i greci onoravano la Quercia Sacra, l'albero di Zeus, rappresentazione della sua potenza, canale di collegamento tra cielo e terra, mediante il quale Giove comunicava i suoi voleri. Addirittura a Dodona, nella Grecia settentrionale, un intero santuario ruotava intorno alla Quercia Sacra, il cui stormire di fronde era interpretato dai sacerdoti come messaggio del dio.

Una scena del film *Avatar* di J. Cameron (2009).

Tra predestinati e salvatori

Un filo diretto unisce figure eroiche dell'antichità, uomini capaci di imprese straordinarie, segnati da un destino eccezionale, ai moderni supereroi cinematografici.
Ancora una volta occorre partire da *Avatar* e parlare del protagonista, un soldato terrestre paralitico, inviato nel campo nemico per raccogliere informazioni, ma che alla fine si innamora di un'indigena e si integra in quella società. Scoprirà addirittura di essere un predestinato: condotto infatti all'Albero delle Anime, dei piccoli esseri fosforescenti scendono dai rami su di lui. Questo è il segno che sarà lui a condurre la resistenza dei Na'vi fino alla vittoria.
La vicenda raccontata in *Avatar* richiama, in parte, quella antica descritta dal poeta latino Virgilio (I secolo a.C.) nell'*Eneide*. In questa opera, infatti, il protagonista Enea deve scendere nell'Oltretomba per conoscere la natura della sua missione, ma dovrà recare in dono a Proserpina, dea degli Inferi, un ramo d'oro, che cresce su un albero nascosto in un'immensa foresta e che solo un eletto potrà svellere. Mentre l'eroe è incerto, gli appaiono due colombe, uccelli sacri a Venere, sua madre: egli le segue ed esse lo conducono attraverso la selva fino all'albero, da cui stacca il ramo d'oro senza sforzo. Anche in questo caso si rivela il segno del predestinato (*Eneide* VI, vv. 183-211).
Il film *Oblivion* (dal latino *oblivio*, "dimenticanza"), realizzato da Joseph Kosinski nel 2013, proietta la storia umana nel 2077, quando un'entità aliena ha distrutto il pianeta e controlla i pochi superstiti tramite droni e cloni umani, di cui ha manipolato la mente. Ma uno di questi cloni, Jack Harper, comprende gradualmente la verità e decide di aiutare i sopravvissuti, traendo la

motivazione ad agire da un libro raccolto tra le rovine di una biblioteca: *The lays of ancient Rome*, facente parte di una raccolta di poemi realmente scritti da Thomas Babington Macaulay dal 1834 al 1838. In una pagina legge questa poesia:

> Then out spake brave Horatius,
> The Captain of the Gate:
> "To every man upon this earth
> Death cometh soon or late.
> And how can man die better
> Than facing fearful odds,
> For the ashes of his fathers,
> And the temples of his Gods".

(T. Babington Macaulay, *The lays of ancient Rome*, canto I, XXVII)

Nel film si è scelta una traduzione non fedele ma più efficace:

> E per un uomo quale fine migliore
> che affrontare rischi fatali
> per le ceneri dei suoi padri
> e per i suoi dèi immortali.

Il protagonista scopre così che Orazio Coclite, eroe di Roma, bloccò da solo, su uno strettissimo ponte, l'avanzata di un intero esercito nemico, sacrificandosi per la sua patria. Anche Harper, nello scontro finale con l'entità aliena, si immolerà per salvare ciò che resta del mondo e affronterà la morte recitando proprio le parole di Orazio Coclite.

Locandina del film *Oblivion* di J. Kosinski (2013).

Filosofia antica al cinema

Nel film *Matrix*, realizzato da Andy Wachowsky nel 1999, la quotidianità degli uomini è un'illusione: è solo la copia sbiadita della realtà "vera" presente in un'altra dimensione. Questa visione di una realtà duplice richiama direttamente il concetto dell'Iperuranio (al di là del cielo) del filosofo Platone (IV secolo a.C.), cioè un altro mondo oltre quello della realtà umana.
Nel film gli uomini non se ne rendono conto o non hanno interesse a scoprire la verità. Essi vivono come prigionieri legati in fondo a una caverna, costretti a guardare ombre sul muro credendo che siano entità reali, finché qualcuno di loro spezza le catene, esce all'esterno e capisce, ma gli altri non lo ascoltano.
Nel 1999 l'umanità vive la sua esistenza senza sapere che è tutto finto, frutto di un programma elaborato da un sistema elettronico, chiamato Matrix, che controlla le menti umane, inducendole a ritenere che la realtà sia quella percepita. Pochi umani sanno come stanno davvero le cose: il loro capo, Morpheus (che nel mito greco era il dio dei sogni), contatta un giovane, Neo (in greco *neòs*, "nuovo"), un hacker, il quale ha intuito la verità, e lo convince a unirsi ai ribelli per sabotare Matrix e liberare gli uomini dalla loro servitù.

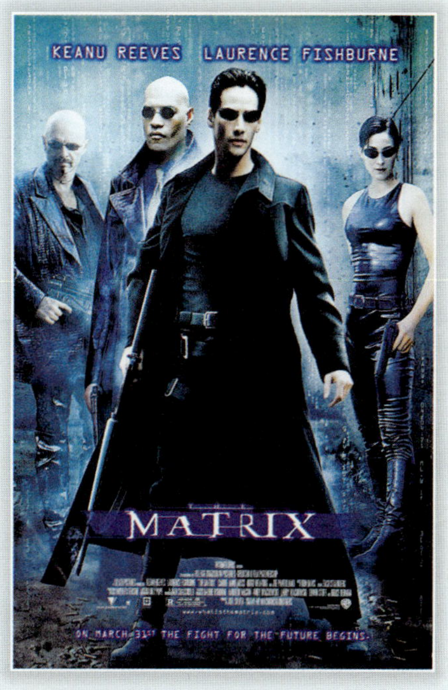

La locandina del film *Matrix* di A. Wachowsky (1999).

Lotta all'ultimo sangue

Il film *Rollerball*, realizzato da John McTiernan nel 2002 dall'originale del 1975, è ambientato nel 2018 in un mondo pacificato, dove non vi sono tensioni, né penuria di cibo. L'unico problema è gestire la naturale aggressività umana. La soluzione è semplice: si mette in scena la violenza per distrarre la massa con lo spettacolo. In un'arena si affrontano due squadre in una competizione brutale, senza esclusione di colpi, compresa la morte: è il rollerball, che tiene incollati allo schermo milioni di telespettatori, distogliendoli dalla violenza reale.
Si tratta, anche in questo caso, di una versione avveniristica di un espediente già attuato duemila anni fa dai romani nelle loro arene, dove uomini e belve si scontravano in lotte mortali attirando folle di spettatori. Nel mondo romano quegli spettacoli avevano una duplice funzione: da una parte offrivano al pubblico uno sfogo istituzionalizzato ai loro istinti bellicosi, dall'altro costituivano un'esibizione del potere dei governanti.

La locandina del film *Rollerball*, regia di J. McTiernan (2002).

Anche il film *The hunger games*, realizzato da Gary Ross nel 2012, offre una variante fantascientifica dei giochi gladiatori di Roma antica; molti elementi presenti nel film rinviano a quel periodo storico.
In un futuro non lontano, ogni anno un gruppo di adolescenti, addestrato da appositi strateghi, deve esibirsi in una lotta senza quartiere, da cui deve risultare un solo vincitore; la lotta si svolge in un luogo chiamato arena, che in realtà è un set televisivo, sotto gli occhi di milioni di spettatori, i quali possono aiutare il loro favorito a sopravvivere. Il meccanismo della gara, però, a un certo punto si inceppa e l'organizzatore del gioco, Seneca Krane, sarà costretto al suicidio. Lessico e immagini del film richiamano il mondo antico: ad esempio, il nome stesso della nazione in cui si svolge la storia, Panem, è una parola latina che significa "pane" e il nome e la sorte del protagonista, Senaca Krane, ricordano il filosofo Seneca di Cordova (I secolo d.C.), costretto al suicidio dal suo ex discepolo, l'imperatore Nerone.

Locandina del film *The hunger games* di G. Ross (2012).

Antichi & Moderni

1. Quali tracce dell'antichità si trovano nei film citati nel testo che hai appena letto? A quali autori e opere classiche si fa riferimento? Sottolinea nel testo gli elementi dell'antichità e illustra il motivo per cui sono stati utilizzati nei film contemporanei.
2. Conosci altri film in cui sono stati inserite allusioni, simboli, citazioni che richiamano il mondo antico? Confrontati con i tuoi compagni, ricerca su Internet altri film con queste caratteristiche ed evidenziane i richiami all'antichità.

3. Rappresentare l'antico

Un genere di successo: il *peplum*

I film che raccontano direttamente l'antichità sono numerosi, tanto da aver dato luogo a un vero e proprio genere cinematografico, quello del *peplum* (da *peplo*, la tunica femminile greca), la cui nascita si colloca ai primi del Novecento. Il *peplum* include trame ambientate nell'antica Grecia e a Roma, in cui elementi mitologici, fantastici e storici si combinano tra loro con maggiore o minore efficacia: in alcuni casi, sono pellicole di altissima qualità e kolossal che hanno segnato la storia del cinema (da *Cabiria*, del 1914, a *Ben Hur* del 1959, fino al recente *Il gladiatore*); in altri – specie negli anni Cinquanta e Sessanta del Novecento – si tratta di film girati a basso costo e con scarsa originalità al solo scopo di sfruttare il successo commerciale di cui allora godevano eroi "forzuti" come Ercole o Maciste. Maciste, in particolare, è un eroe antico – le sue avventure sono ambientate in un III secolo a.C. molto fantasioso – di nascita moderna: il personaggio, infatti, è stato inventato nel 1914, sul set del film *Cabiria*; pare che il nome gli sia stato dato da Gabriele D'Annunzio, ma non è certo. Quel che è certo, invece, è che ebbe enorme successo, tanto che nei *peplum* degli anni Cinquanta e Sessanta Maciste surclassò Ercole, diventando simbolo di enorme forza guidata dalla lealtà, dalla bontà e dal senso dell'onore.

Antichità (ri)vissuta

Nel lungo elenco di titoli ispirati al mondo antico e classico, vale la pena di ricordarne alcuni che hanno segnato la storia del cinema per l'originalità delle riprese, la ricchezza dei costumi e delle ambientazioni, la potenza espressiva, il successo di pubblico.
Il già citato *Cabiria* (sottotitolo *Visione storica del III secolo a.C.*) del regista Giovanni Pastrone, è un film muto ancora oggi considerato tra i più grandi kolossal della storia cinematografica. Venne girato a Torino, in Sicilia, in Tunisia e sulle Alpi senza badare a spese, avvalendosi di collaborazioni di prim'ordine, tra le quali Gabriele D'Annunzio per la sceneggiatura; a D'Annunzio si deve anche il nome della protagonista, Cabiria, ossia "figlia del fuoco". Lo sfondo storico è quello della seconda guerra punica: Cabiria, figlia di un ricco romano, viene rapita, portata a Cartagine e resa dapprima schiava, poi vittima da offrire al dio Moloch insieme ad altre cento giovinette. Tratta in salvo da Maciste, vive molti altri momenti drammatici finché, dopo la vittoria romana di Zama, Fulvio, "agente segreto" romano, la libera e la riporta a Roma.

Una scena del film *Cabiria* di G. Pastrone (1914).

Un altro kolossal, questa volta di produzione statunitense, è *Quo vadis* (1951) di Mervyn LeRoy, rifacimento di una produzione italiana del 1913 di notevole successo: entrambe le versioni sono tratte dall'omonimo romanzo storico del polacco Henryk Sienkiewicz, premio Nobel per la letteratura nel 1905. La storia è ambientata a Roma tra il 64 e il 68 d.C., al tempo dell'imperatore Nerone, dell'incendio della città e delle prime persecuzioni contro i cristiani. Girato a Roma, il film fu una produzione grandiosa che realizzò uno spettacolo di forte impatto visivo. Nel film

compare anche un eroe immaginario, Ursus, che, come Maciste, è incredibilmente forte e buono, e come lui divenne anche protagonista di una serie di *peplum* di serie B degli anni Sessanta.
Tuttora nella classifica dei cento migliori film americani di tutti i tempi è *Spartacus* (1960), prodotto dall'attore protagonista Kirk Douglas e girato da Stanley Kubrik. Il film è celebre per alcune scene grandiose, in particolare la battaglia finale tra l'esercito degli schiavi ribelli e le legioni romane, nella quale il regista rese con grande efficacia i movimenti delle coorti romane: l'impresa fu realizzata utilizzando ottomila soldati della fanteria spagnola e girando le riprese in una grande pianura nei dintorni di Madrid.
Di segno diverso *Satyricon* (1969) di Federico Fellini, liberamente ispirato all'opera di Petronio. Al suo apparire, il film destò sconcerto per l'audacia scenografica e tematica: vi compaiono infatti violenze carnali, amori omosessuali, personaggi ambigui che vivono di espedienti, episodi di cannibalismo, ermafroditi, efebi, il tutto sullo sfondo di una Roma decadente, perversa e grottesca, immersa in un'atmosfera a metà tra la visione onirica e la realtà. Fellini definì il film come "un saggio di fantascienza del passato" e come tale invitava a considerarlo: non certo un film fedele alla verità storica ma piuttosto uno spunto per riflettere sulla decadenza dell'epoca contemporanea e sull'instabilità della condizione umana dominata dal caso e dall'inconscio.

Fotogramma del film *Satyricon*, regia di F. Fellini (1969).

Negli ultimi trent'anni del XX secolo l'antichità è stata accantonata dalle grandi case di produzione e dai registi che hanno preferito altri generi, finché l'uscita de *Il gladiatore* (2000) di Ridley Scott ha riacceso i riflettori sulle vicende greche e romane. Il film ha avuto uno straordinario successo e numerosi premi, tra cui cinque Oscar. La storia è ambientata nel 180 d.C., nel momento del passaggio del trono imperiale da Marco Aurelio a suo figlio Commodo, mentre la vicenda da cui il film prende le mosse è un falso storico: Marco Aurelio, infatti, non venne ucciso dal figlio ma da una malattia, probabilmente la peste.
Ugualmente immaginaria è la figura del personaggio protagonista, il generale-gladiatore Maximus; fedeli alle fonti storiche, invece, sono sia il dispotismo di Commodo e la sua passione per i giochi del circo, sia la ricostruzione delle battaglie, in particolare quella iniziale contro i Germani.

Russel Crowe, protagonista del film *Il gladiatore* di R. Scott (2000).

I successi degli ultimi anni

Nel 2004 sono usciti due film storici, entrambi ambientati nell'antichità greca ma con ambizioni molto diverse. *Alexander* di Oliver Stone si propone di raccontare in modo fedele alle fonti storiche, ma problematizzando i personaggi protagonisti, la vicenda di Alessandro Magno, dall'infanzia in Macedonia sino alla misteriosa morte; l'accoglienza, in particolare negli USA, è stata fredda, tanto che il regista ha reagito dichiarando che "Gli americani non studiano la Storia, non la conoscono se non per alcuni titoli di libri e giornali letti con ignoranza. Sono indifferenti anche al passato del loro giovane Paese e prigionieri di una ipocrita moralità fondamentalista. È questa una delle prime cause del loro rifiuto per il mio Alexander, un film storico".
Ben diverso, invece, il successo commerciale del film *Troy* di Wolfgang Petersen, molto liberamente ispirato all'*Iliade*, e proprio per questa libertà narrativa anch'esso assai criticato.
Al successo di *Troy* ha fatto eco quello del film *300* (2007) di Zack Snyder, tratto dall'omonima raccolta di fumetti di Frank Miller, in cui vengono fantasiosamente rievocate le vicende dei 300 spartiati che nel 480 a.C. fermarono per tre giorni i persiani alle Termopili. Lo straordinario successo del film ha creato le premesse per il sequel *300 - L'alba di un impero* (2014).

Un fotogramma del film *Alexander* di Oliver Stone (2004).

Una scena del film *300* di Z. Snyder (2007).

La forza degli antichi

Molto ci si interroga oggi sulle ragioni del successo commerciale del genere cinematografico del *peplum*. Ecco un'ipotesi formulata da un critico cinematografico, che sottolinea le potenzialità evocative dell'antichità.

> Nel cinema, il genere "neo-peplum" è ormai tornato a furoreggiare, almeno dai tempi del clamoroso successo del Gladiatore di Ridley Scott (2000). [...]
> Come si spiega questo fenomeno? Si potrebbe sostenere che esso non smentisce ma conferma il declino degli studi classici. La storia è diventata fumetto. [...] Però, se uno va a vederli da vicino, persino i fumettoni come 300 riprendono vecchi stereotipi classicheggianti che rimontano almeno a Erodoto (la guerra dei greci contro i persiani come simbolo della lotta tra libertà e dispotismo, occidente e oriente, razionalità e fanatismo). Gli antichi hanno una terribile forza d'inerzia. Hanno preso una rincorsa di tremila anni e fermarli è più difficile di quanto sembri. Possiamo fingere di ignorarli per un po' ma poi rispuntano da dove meno ce li aspettiamo. Magari, appunto, nel buio di un cinema, dove studenti che non leggeranno mai un classico greco fanno la fila per applaudire Temistocle.
>
> (G. Ieranò, *Perché la storia è diventata un fumetto*, in www.panorama.it [gennaio 2015])

Antichi & Moderni

1. Qual è la tua opinione in merito ai film che raccontano storie tratte dall'antichità? Per quale motivo, secondo te, hanno oggi tanto successo di pubblico?
2. Il dibattito tra critici del settore e storici sul genere cinematografico del *peplum* è oggi ancora aperto: si confrontano opinioni diverse e contrastanti. Cerca alcune recensioni, articoli o saggi che trattano dell'argomento e commentali, individuando quali sono le varie motivazioni addotte dai vari autori.

Attività

Lessico

1. Nella tabella sono elencati alcuni termini latini (e uno greco) da cui sono derivati lemmi italiani relativi al mondo del cinema: nella prima colonna c'è il termine antico, nella terza una sintetica definizione. Inserisci nella colonna centrale le corrispondenti parole italiane.

Termini latini e greci	Lemmi italiani	Definizione
Agere, "fare"; *actum*, "ciò che è fatto"	....	Colui che recita, che "fa" qualcosa.
Regere, "dirigere, guidare"	....	Chi dirige un film o uno spettacolo.
Sub-iectum, "posto sotto"	....	Argomento di un film.
Skenè, "tenda"	....	Luogo, fondale dove si recita.
Cum-parere, "apparire insieme"	....	Chi recita una parte secondaria in un film.

2. Considerando che in greco la parola *kinema* significa "movimento", e che il suffisso italiano -grafo deriva dal greco e vuol dire "scrivere", che cosa significa alla lettera il termine cinematografo?

....

....

Lettura dei testi

3. Nel film *Oblivion*, come si è visto, il protagonista si sacrifica per l'umanità, citando Orazio Coclite. Presentiamo nella colonna di destra un brevissimo riassunto della leggenda narrata da Tito Livio (*Storie di Roma* II, 10) e nella colonna di sinistra il finale del film. Leggi i brani e rispondi alle domande.

J. Harper carica una bomba su una piccola navicella e riesce a penetrare nella gigantesca astronave aliena che sta prosciugando la Terra. Giunto di fronte all'entità extra-terrestre, ricorda Roma e Orazio Coclite e citando i versi del poeta inglese che esalta il gesto di Orazio fa esplodere l'ordigno che distrugge gli alieni, morendo per la salvezza della residua umanità.

Orazio Coclite è un valoroso soldato che si offre volontario per bloccare l'avanzata degli etruschi verso Roma, sbarrando l'accesso su un ponte di legno, mentre i suoi compagni abbattono i pali per far crollare il ponte e impedire l'invasione nemica. Compiuta l'opera, Orazio si getta nel Tevere, riuscendo a salvarsi a nuoto.

a) Perché, a tuo parere, il regista ha voluto modellare Harper sulla figura di Orazio Coclite?

....

....

b) Perché ha scelto un finale più drammatico rispetto alla leggenda antica?

....

....

Comprensione

4. In una scena del film *300* il comandante degli alleati di Sparta (che sono alcune migliaia) si meraviglia che Leonida abbia portato così pochi guerrieri con sé. Allora Leonida chiede ai singoli soldati alleati che cosa facciano nella vita: chi risponde "fabbro", chi "vasaio", e simili, poi chiede ai suoi spartani: "E voi che fate nella vita?". Rispondono con un urlo di guerra; quindi Leonida conclude dicendo al capo degli alleati: "Come vedi ho portato più soldati di te".
Che cosa intende dire Leonida?

....

....

5. Nel giudizio di Giorgio Ieranò, il film *300* è considerato un "fumettone".
Che cosa vuole significare con questa definizione?

....

....

Approfondimento

6. Nel 2150 un esiguo numero di privilegiati vive in condizioni beate su una stazione spaziale, Elysium, intorno alla Terra, dove invece il resto dell'umanità deve arrangiarsi in condizioni di degrado, miseria, violenza; finché qualcuno cerca di ribellarsi a questa situazione.

a) Che cosa indicava il termine *Elysium* tratto dalla mitologia latina?

....

....

b) Perché è stato scelto come titolo del film?

....

....

Per una descrizione di *Elysium*, cfr. Virgilio, *Eneide* V, vv. 638-644 e 673-678.

La locandina del film *Elysium*, scritto e diretto da Neill Bolmkamp (2013).

7. *Blade Runner* è tra i film di fantascienza più noti della storia del cinema. Gli uomini del futuro hanno creato gli androidi per i lavori più pesanti, programmandoli per una "vita" di soli 4 anni: uno di loro, Roy, si ribella a questo destino; cerca di ricostruire un passato che non ha, e per questo cerca il suo "creatore", che troverà, non prima di aver affrontato una prova di intelligenza, una partita a scacchi; non avrà però risposte soddisfacenti dal "padre" e lo ucciderà. Qualche studioso (ad esempio G. Guidorizzi, *Letteratura greca*, II, pp. 55 ss.) ha ravvisato analogie tra la storia di Roy e quella di un personaggio del mito greco: Edipo.

a) Chi era Edipo?

....

....

b) Quali analogie presenta la sua vicenda con quella di Roy?

....

....

Locandina del film *Blade Runner* di Ridley Scott (1982).

8. Il regista del film *I guerrieri della notte,* Walter Hill, dichiarò apertamente il suo debito con un'opera antica, l'*Anabasi* di Senofonte (V secolo a.C.), a partire dal nome di uno dei protagonisti, Cyrus, che dà avvio all'azione. Per un confronto tra il testo e il film vedi l'articolo di A. Fiorinelli, *I guerrieri di W. Hill nell'Anabasi di Senofonte*, in "Dionysus ex Machina", n. 2, 2011 (www.dionysusexmachina.it).

Quali analogie ci sono tra l'opera classica e il film?

....

....

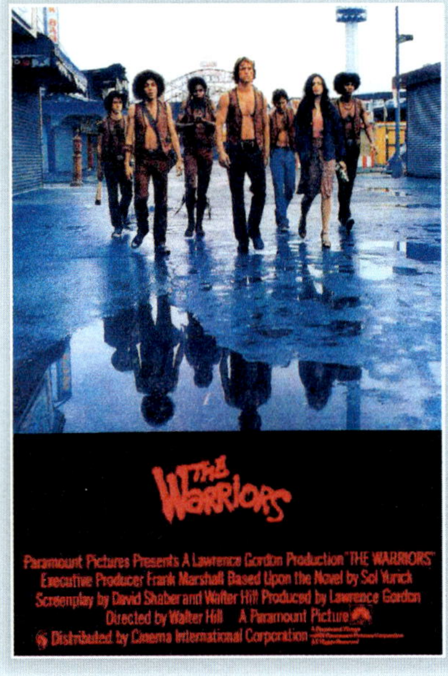

Locandina del film *I guerrieri della notte* (titolo in inglese *The Warrior*) del 1979.

U4

contenuto integrativo

Fumetti e videogiochi

La vitalità dell'antico, nel suo proporre storie e personaggi, si può cogliere anche in un ambito comunemente ritenuto espressione tipica della modernità, vale a dire il mondo dei fumetti e dei videogiochi. I fumetti dalle classiche strisce, ai manga, ai *graphic novel* attingono abbondantemente, con più o meno libertà, alla mitologia e alla storia classica; altrettanto vale per i *videogames*, anch'essi ispirati alla storia greca e romana.

Ma siamo poi sicuri che questi linguaggi siano patrimonio esclusivo della modernità? In questo percorso scopriremo, tra le altre cose, che l'uso del fumetto non era sconosciuto agli antichi, che anzi se ne servivano per decorare ceramiche con vere e proprie scenette ispirate alla mitologia e alla vita quotidiana.

1. I fumetti

Fumetti prima dei fumetti

Gli antichi sicuramente conoscevano l'uso di scenette figurative in cui i personaggi, compresi animali, erano raffigurati anche nell'atto di emettere parole o frasi. La tecnica del fumetto, infatti, intesa come associazione diretta di un enunciato alla rappresentazione iconografica del personaggio che lo pronuncia, la troviamo in uso già nel mondo greco e latino.
Esistono numerosi esempi di fumetti antichi, specialmente nella pittura vascolare e musiva; a seconda del motivo riprodotto, gli studiosi li hanno classificati in tre principali generi: musicali, erotici e sceneggiati.
I fumetti musicali

> sono di gran lunga i più numerosi e rivestono un'importanza non secondaria ai fini dello studio della lirica arcaica. Nei vasi di questa categoria compaiono infatti personaggi che proferiscono l'inizio di un'aria musicale, cioè di una citazione poetica, che il lettore del fumetto è invitato a completare, o a ricercare con curiosità. [...]
> Le raffigurazioni vascolari con fumetti erotici illustrano atti della vita

sessuale riguardanti sia l'amore pederotico, sia i rapporti tra i due sessi, sia l'onanismo giovanile, e costituiscono un altro ben riuscito processo di armonizzazione fra testo e immagine, volto a potenziare il valore esplicativo delle immagini attraverso alcuni fumetti di accompagnamento. La terza categoria di fumetti su manufatti vascolari, quella che più corrisponde al concetto moderno di 'comics', è costituita dai fumetti sceneggiati. In questo caso i microtesti vengono associati a immagini che evocano vere e proprie scenette, e a volte si hanno persino scenette in due tempi.

(A. Stramaglia, *Il fumetto prima del fumetto: momenti di storia dei "comics" nel mondo greco-latino*, in www.academia.edu [gennaio 2015])

Un noto esempio di fumetto antico sceneggiato è quello qui raffigurato: si tratta di una *oinochoe* (brocca con un'unica ansa) ateniese a figure nere che ritrae un celebre momento dell'Odissea, l'incontro tra Ulisse e le Sirene:

e imponevo ai compagni di sciogliermi,
coi sopraccigli accennando; ma essi a corpo perduto remavano

(*Odissea* 12, 193-194, trad. di R. Calzecchi Onesti)

Sia le Sirene sia Odisseo sono identificati da didascalie, mentre l'invocazione "Slega(mi)!" che l'eroe rivolge ai compagni è scritta in prossimità della bocca di Ulisse, come un vero e proprio fumetto.

Ulisse e le Sirene. Decorazione di un vaso ateniese, V secolo a.C., Londra, British Museum.

Sarà letteratura?

Il fumetto moderno nasce nel 1895 con *The Yellow Kid*, un bambino che indossava un camicione giallo (da cui il nome) su cui venivano scritte le battute; da quel momento, diventa un fenomeno di massa.

Proprio perché fenomeno di massa, il fumetto è stato per molto tempo considerato genere inferiore, adatto ai bambini o destinato a un divertimento "facile", d'evasione; eppure, illustri fumettisti come Hugo Pratt (creatore dell'avventuriero Corto Maltese) lo hanno definito "letteratura disegnata" per sottolinearne il valore estetico e contenutistico. Negli ultimi anni, l'opinione di Pratt è stata condivisa da un numero crescente di scrittori e di intellettuali,

Il fumetto americano *The Yellow Kid*.

grazie ai quali la lettura dei fumetti è oggi unanimemente accettata e, anzi, raccomandata come strumento per scoprire, o riscoprire, il piacere di leggere e, perché no, di imparare:

> [I fumetti] hanno contribuito a sviluppare una lettura in grado di coinvolgere tutti i sensi e di procurare un godimento capace di far rinascere quel piacere nel corso di tutta la vita. Il fumetto con il suo linguaggio semplice (ma ci sono fumetti dai linguaggi complessi) fatto di parole, immagini, colori, suoni (sì, nel fumetto ci sono anche suoni e rumori), persino odori (quegli degli inchiostri e delle carte patinate) è davvero in grado di muovere i sensi. [...] Il fumetto può farsi veicolo di storia attraverso le ambientazioni e gli sfondi su cui agiscono i personaggi. Molte serie a fumetti di provenienza franco-belga (c'è una vera e propria scuola franco-belga della *bande dessinée*, come si dice 'fumetto' in francese) si svolgono nell'Antica Roma, nel Medio Evo o in altre epoche storiche; la ricostruzione 'scenografica' di quegli ambienti è spesso molto accurata, frutto di documentazioni da far invidia a storici e archeologi patentati.
>
> (R. Pallavicini, *Il fumetto sopra i banchi di scuola*, in www.treccani.it [gennaio 2015])

Antichità a strisce

Tra le numerose edizioni a fumetti (e a cartoni animati), ispirate alla storia classica con maggiore o minore libertà, ve ne sono alcune particolarmente degne di nota.
Ulisse 31, produzione franco-giapponese del 1981, ambienta le avventure di Ulisse nel 31° secolo: Troia è un pianeta da cui Ulisse deve partire per ritornare sulla Terra con l'astronave Odissea, che viene attaccata dal robot Polifemo; per salvare se stesso e l'equipaggio Ulisse annienta Polifemo, scatenando però l'ira di esseri alieni antichissimi, chiamati Dei.
Sempre di produzione giapponese è il manga *Nausicaä della Valle del Vento* (1984), scritto da Hayao Miyazaki, anch'esso ambientato nel futuro, che ha nel nome della protagonista un evidente e voluto omaggio alla giovane e bella principessa omerica.
Rigoroso nell'ambientazione storica e aderente al poema omerico dell'*Iliade*, se non per alcune significative varianti come l'eliminazione della presenza sovrannaturale, è invece il fumetto *L'età del bronzo* di Eric Shanower, pubblicato in più volumi a partire dal 1998 e molto apprezzato dalla critica, non solo di settore.
Un altro *graphic novel* di grande successo è il già citato *300* di Frank Miller, in cui viene raccontata – con molta libertà rispetto alle fonti storiche – la celebre epopea del re di Sparta Leonida, che con 300 Spartiati difese il passo delle Termopili per rallentare l'avanzata dell'esercito persiano. Dal fumetto è stato tratto il film omonimo del 2007, vero campione d'incassi al botteghino.

Alcune vignette del *graphic novel 300* di Frank Miller.

Da ricordare, anche la collana *Mytico!*, pubblicata nel 2012 dal "Corriere della Sera", che narra episodi del mito greco inseriti nel racconto dell'assedio di Troia. La serie non è rimasta isolata: da quell'esperienza è stato infatti realizzato un sito (mytico.corriere.it) su cui è possibile "disegnare" il proprio eroe, vedere una ricostruzione immaginaria di Troia, provare a espugnare la città.

Il più famoso fumetto ispirato alla storia di Roma è probabilmente *Asterix*, serie creata nel 1959 da René Goscinny e Albert Uderzo. La trama è semplice ma evocativa: un piccolo villaggio della Bretagna, guidato dal prode Asterix, con il suo inseparabile amico Obelix, tiene in scacco le legioni del potente Cesare. In Francia Asterix è una vera e propria star, utilizzata come marchio e testimonial di pubblicità; addirittura il primo satellite spaziale francese lanciato in orbita, nel 1965, portava il suo nome; il fumetto è stato tradotto in decine di lingue, edito in alte tirature, trasposto anche in forma cinematografica.

Il numero 1 (13 aprile 2012) del fumetto *Mytico!*

Una vignetta del fumetto *Asterix*. A. Uderzo, *Asterix e i Pitti*, Hachette Livre, 2013.

Diversa consistenza ha invece un altro fumetto francese intitolato *Vae victis* ("Guai ai vinti"), edito in 15 volumi tra il 1999 e il 2006, di Simon Rocca e Jean-Yves Mitton. Qui la vicenda di Cesare e dei Galli è riprodotta con fedeltà al vero storico, frutto di accurata documentazione: non viene taciuto nulla della conquista, che vide gesta eroiche e orribili atrocità, soprattutto da parte dei romani.

Antichi & Moderni

1. Che cosa vuol dire Renato Pallavicini quando afferma che il fumetto può essere "veicolo di storia"? Secondo te tale affermazione è corretta? Argomenta la tua risposta ricorrendo anche ad alcuni esempi.

2. Il fumetto *Mytico!* ripropone i miti dell'antica Grecia. Vai sul sito mytico.corriere.it e leggi alcune vignette. Secondo te il fumetto è fedele al modello originale? Quali sono le principali storie e leggende classiche che il fumetto ripropone?

2. I videogiochi

Videogames e antichità, in coppia dall'inizio

I primi rudimentali videogiochi compaiono verso la fine degli anni Settanta. Già nel 1981 debutta il primo prodotto con personaggi mitici, *Ulysses and the Golden fleece* (*Ulisse e il vello d'oro*), nel quale sono sovrapposte due storie: è infatti Ulisse a compiere la missione impossibile di Giasone, cioè recuperare una preziosa pelliccia d'oro, custodita in Oriente da un drago, non senza aver prima superato svariate insidie lungo il cammino.

Seguono anni in cui si producono videogiochi molto fantasiosi, in cui il mito antico è solo un pretesto per sceneggiare storie lontane dalla contemporaneità, come in *Kid Icarus*, ripreso nel 2012 da Nintendo.

Nel 2002 esce *The Age of Mithology*, preludio del ben più celebre *God of War* (2005, Playstation 2), che rielabora originalmente il mito e che è stato votato dalle riviste di settore come gioco dell'anno, per qualità di sceneggiatura, grafica e trama; tra le novità introdotte da questo videogioco c'è però anche l'elevato grado di violenza dei duelli, meno marcato nei precedenti giochi.

Il videogioco *God of War*.

E il successo continua

Tra i più recenti ricordiamo *Rise of Argonauts* (2008), un gioco di ruolo liberamente ispirato alla storia di Giasone. E sulla violenza dei duelli punta molto *Warriors: Legend of Troy* (2011), rivisitazione della saga omerica.

Tracce di antichità sono anche nel celeberrimo *Super Mario Bros*, l'idraulico che deve salvare un pacifico regno da un malvagio invasore, il quale ne ha catturato la principessa, liberata da Supermario dopo ardua lotta; per il baffuto idraulico della Nintendo è stato, addirittura, creato un inno latino di battaglia, per esortare al coraggio nello scontro imminente:

Audi famam illius.
Solus in hostes ruit
et patriam servavit.

Audi famam illius.
Cucurrit quaeque
tetigit destruens.
Audi famam illius.
Audi famam illius.
Spes omnibus, mihi quoque.
Terror omnibus, mihi quoque
Ille iuxta me.
Ille iuxta me.
Audi famam illius.
Socii sunt mihi,
qui olim viri fortes
rivalesque erant.
Saeve certando pugnandoque
splendor crescit.

Ascolta la sua fama.
Da solo si è lanciato contro i nemici
e ha salvato la patria.
Ascolta la sua fama.
È accorso distruggendo ogni cosa che abbia toccato.
Ascolta la sua fama.
Ascolta la sua fama.
Speranza per tutti, per me pure.
Terrore per tutti, e anche per me quell'uomo.
Era accanto a me, lui.
Ascolta la sua fama.
Io ho degli alleati
che un tempo erano uomini coraggiosi
ed erano rivali.
Lottando e combattendo ferocemente
cresce la fama.

La copertina del videogioco *Warriors: Legend of Troy*.

Nel 2012, ispirandosi questa volta ai "secoli bui", due produttori italiani hanno lanciato un videogioco che ha per protagonista l'inquisitore medievale, Nicholas Eymerich, creato dal romanziere Valerio Evangelisti; significativamente l'episodio intitolato *La Peste* è interamente in latino.
Chiudiamo questa breve rassegna di "modernità antiche" con un altro gioco di ruolo, *Caesar,* la cui prima edizione risale al 1993, seguita da vari aggiornamenti: il giocatore diventa governatore di una provincia dell'impero e la può amministrare come vuole, anche costruendo nuove città; può far carriera e perfino aspirare al trono di Cesare a Roma.

La copertina del videogioco *La Peste*.

Attività

LETTURA DEI TESTI E DELLE IMMAGINI

1. Nel 1982 la RAI trasmise il cartone animato Ulisse 31, trasposizione futuristica delle vicende del personaggio omerico. La sigla canora del programma adatta al contesto fantascientifico il personaggio di Omero, tuttavia mantiene alcune caratteristiche essenziali del protagonista, che lo rendono riconoscibile, oltre il nome. Leggi il brano e rispondi alle domande.

Ulisse Ulisse
contro il tempo contro gli Dei
Lotterai e sapranno chi sei

Ulisse Ulisse
Vagabondo delle galassie
Casa tua è tutto quello che vuoi

Ulisse
più veloce della luce vai
Ulisse
fino a che la Terra troverai
Ulisse
poi un giorno arriverai vedrai
vedrai che non ti fermerai mai

Sono Nonò piccolo robot l'amico suo
Sono Nonò piccolo robot l'amico suo

Ulisse Ulisse
Sei un re tra i giganti
nel cuore hai la libertà

Ulisse
più veloce della luce vai
Ulisse
fino a che la Terra troverai
Ulisse
poi un giorno arriverai vedrai
vedrai che non ti fermerai mai

(da www.calliopea.it [gennaio 2015])

a) Quali sono le caratteristiche che legano il protagonista a Ulisse?

....

....

b) Quali sono i tratti differenti rispetto all'eroe antico?

....

....

2. Ti presentiamo la copertina di un fascicolo di *Asterix*, in cui il piccolo Gallo con il suo fedele Obelix si esibisce a Roma come gladiatore; ne è stato tratto pure un cartone animato, nel quale un cattivissimo Cesare fa di tutto per eliminare i due amici, esponendoli anche alle belve nel Colosseo (le cui architetture sono intuibili nel disegno). Osserva l'immagine e rispondi alla domanda.

a) Quali sono gli elementi del fumetto che richiamano il mondo romano?

....

....

....

A. Uderzo, *Asterix gladiatore*, Hachette Livre, 1964.

3. Nella Repubblica romana il consolato era la suprema carica dello Stato, esercitata da due magistrati con pari poteri. Nel 59 a.C. Cesare divenne console con il collega Bibulo, figura insignificante. La carica di console era per Cesare solo un gradino di un'irresistibile ascesa contrastata dalla parte più conservatrice dell'aristocrazia, che cercava il modo per sbarazzarsi del personaggio. Ciò premesso, leggi la pagina seguente del fumetto *Vae Victis*, rifletti su come gli autori hanno reso le vicende storiche accennate e rispondi alle domande.

a) È una ricostruzione realistica?

b) Che idea della politica a Roma emerge?

c) Quali sono gli aspetti che differenziano questo fumetto da quello di *Asterix*?

APPROFONDIMENTO

4. Tra i videogiochi di maggior successo sul mercato c'è sicuramente *God of war*, pieno di riferimenti a figure del mito greco, sia pure modificate per esigenze sceniche. Diamo ora un breve elenco di figure mitologiche antiche, con le loro caratteristiche essenziali. Fai una ricerca e indica nella colonna di destra le caratteristiche degli stessi personaggi come compaiono nel videogioco.

Nel mito antico	In *God of war*
Idra di Lerna: mostro serpentiforme a più teste, nascosto in una lurida palude; viene ucciso da Eracle che gli mozza la testa centrale e poi brucia il moncone.	
Satiri: creature dei boschi, di forma umana dall'ombelico in su, caproni al di sotto. Molto lussuriosi, sono sempre a caccia di donne o ninfe, ma fondamentalmente non sono pericolosi.	
Sirene: creature femminili, sorta di donne-uccello dalla voce melodiosa con cui attiravano i naviganti per ucciderli. Erano considerate dei demoni, legate al mondo dei morti.	
Minotauro: orrendo mostro dal corpo umano e dalla testa di toro. Viveva a Creta, rinchiuso nel Labirinto, dove ogni anno gli venivano portati sette ragazzi e altrettante ragazze da divorare. Fu ucciso dall'eroe ateniese Teseo.	

5. Il videogioco *The Rise of Argonauts* elabora liberamente un mito antichissimo, che ha per protagonista Giasone e una pattuglia di avventurosi eroi. Sapresti indicare alcune differenze fra la trama del *videogame* e la storia originaria?

....

....

SEZIONE

B

Somiglianze e differenze

U5

contenuto integrativo

Modelli di bellezza

Giovani, atletici e vigorosi o sensuali e seducenti: sono questi i predominanti modelli di corporeità maschile e femminile offerti oggi dai *mass media*. Modelli ai quali il pubblico di ogni età cerca oggi di adeguarsi e usa come riferimento per i propri canoni estetici.

Quei modelli però hanno radici antiche, sono la riproposizione aggiornata di canoni di bellezza elaborati dai greci e riscoperti dagli artisti del Rinascimento. "Avere un fisico statuario" è infatti un'espressione attuale che richiama l'idea di bellezza ispirata a quei modelli antichi già allora ampiamente diffusa con statue; suggerisce così una visione del corporeo che connette efficacemente l'eredità antica con l'estetica moderna.

1. Una bellezza classica

Il modello antico

Molti dei canoni di bellezza oggi comunemente diffusi risalgono direttamente all'antichità greca e romana. Nel I secolo a.C. il poeta Catullo aveva sintetizzato quelli che erano i requisiti essenziali di una donna romana per essere definita bella, in latino *formosa*; tale aggettivo infatti deriva da *forma*, che esprime appunto la bellezza fisica.

"Quintia formosa est multis, mihi candida longa recta est" (Catullo, *Carme 86*, vv. 1-2): la bellezza femminile era identificata dai romani nella carnagione chiara, altezza e portamento eretto.

E ancora oggi, altezza e portamento slanciato continuano a essere elementi che identificano immediatamente una donna bella. Si pensi, ad esempio, al canone estetico offerto dalle più note case di moda che pubblicizzano i propri prodotti ricorrendo a modelle di cui vengono messi in risalto gli aspetti fisici che richiamano direttamente quei modelli antichi di bellezza.

Ancora prima di Catullo, nel VII secolo a.C., la poetessa greca Saffo aveva messo in evidenza il nesso tra la bellezza femminile e la capacità della donna di sedurre. Ricordando il fascino di Anattoria, Saffo infatti affermava: "vorrei contemplare il seducente passo e il luminoso scintillio del volto" (Saffo, *Frammento* 16, vv. 17-20). Nella società attuale ancor più che nell'antichità bellezza e seduzione sono diventati quasi sinonimi.

Venere, la seduzione del femminile

Non c'è divinità antica che abbia avuto tanta fortuna nel rappresentare l'idea di bellezza femminile quanto Afrodite, o Venere per i romani; un'immagine tanto efficace da diventare il simbolo stesso della femminilità. "Venere" infatti ricorre molto frequentemente nel linguaggio contemporaneo sia per scopi commerciali sia nel parlare comune quale rappresentazione visiva di un canone di bellezza che nell'immaginario moderno è divenuto un riferimento per artisti, pubblicitari e fotografi. Possiamo verificarlo con dei casi concreti.
Nella locandina di un film degli anni Trenta del Novecento la protagonista è significativamente raffigurata nella stessa posa della *Venere di Milo*, capolavoro dell'arte antica del 130 a.C. Della statua greca riprende pressoché tutto, dalla posa sinuosa del busto al panneggio. Per fedeltà all'originale, nella locandina la diva copre il braccio sinistro con un drappo e indossa al braccio destro un lungo guanto. Il colore nero dell'abito e del guanto fanno sì che il corpo scoperto della diva riproduca perfettamente l'andamento della Venere greca. Alla stessa dea antica si richiamava già alla fine degli anni Venti un manifesto pubblicitario di un sapone femminile.

Poster del film americano *Blonde Venus*, "Venere bionda", diretto nel 1932 da Joseph von Sternberg e interpretato da Cary Grant e Marlene Dietrich.

Alessandro di Antiochia, *Venere di Milo*, 130 a.C., Parigi, Museo del Louvre.

Venere è infatti protagonista di molte campagne pubblicitarie; in alcuni casi addirittura si utilizzano in un'unica immagine più raffigurazioni antiche di quella dea. Nella figura che proponiamo è evidente la sovrapposizione tra il tipo *Venere di Milo* e quello *Afrodite Cnidia*, opera del 360 a.C. Qui la figura femminile, fedele ai modelli antichi, è messa provocatoriamente a contatto con l'oggetto moderno da pubblicizzare.

Afrodite di Cnido, detta anche *Afrodite Cnidia*, copia romana in marmo dell'originale di Prassitele (360 a.C.), conservata presso il Museo nazionale di Roma.

Immagine di una campagna pubblicitaria per una nota linea di borse (giugno 2002).

Modello di bellezza universalmente presente nell'immaginario collettivo, Venere viene raffigurata in molte pose; una variante molto diffusa è quella della Venere "sdraiata". Il precedente più antico lo possiamo vedere in una casa di Pompei nel I secolo d.C. In questa posa la dea fu poi ampiamente raffigurata a partire dal Rinascimento: numerosi sono i quadri di Veneri distese, in posizione frontale o girate; ancora oggi la Venere "sdraiata" è fonte d'ispirazione per foto artistiche o pubblicitarie, che rielaborano l'originale anche in modo ironico.

Venus marina scortata da due amorini, I secolo d.C., Pompei, Casa della Venere.

Tiziano, *Venere di Urbino*, 1538, Firenze, Galleria degli Uffizi.

L'attrice Julianne Moore fotografata da Michael Thompson per "Vanity Fair" (2000).

Nella esaltazione del modello di Venere, ogni singola parte anatomica doveva trasmettere sensualità e seduzione, per questo gli artisti greci realizzavano statue della dea che ne esaltavano i dettagli di fascinazione: capigliatura, gambe, parti intime. Tra queste forme di rappresentazione, la *Venere Callipigia* (dal greco *kalòs*, "bello" e *pygòs*, "natica"). La statua, risalente al I-II secolo, coperta sul davanti, fu concepita per la visione posteriore: la dea solleva di proposito la veste scoprendo le sue forme; il suo volto è girato e rivolto verso il basso, quasi a guidare verso la schiena l'occhio di chi guarda.
Oggi molte immagini femminili proposte dalla pubblicità e dalla moda sono ispirate alla statua greca che per la sua posa seducente continua ad essere un modello di fascino e femminilità.

Venere Callipigia, I-II secolo, Napoli, Museo Nazionale Archeologico.

L'attrice Charlize Theron fotografata per una campagna pubblicitaria.

Antichi & Moderni

1. Per quale motivo oggi molte pubblicità si richiamano alle statue antiche di Venere?
2. Quali altre raffigurazioni della bellezza tratte dall'antichità sono oggi prese a modello dal mondo della pubblicità e della moda? Prova a cercare su Internet esempi di pubblicità che utilizzano più o meno direttamente elementi attinti dall'epoca classica e illustrane il significato.

2. Una bellezza statuaria

Il modello maschile

Il desiderio di bellezza non è proprio del solo genere femminile ma, grazie anche ai modelli antichi oggi frequentemente riproposti dai *mass media*, si è ampiamente diffuso nell'immaginario maschile. Per molti uomini avere un corpo atletico è considerato sinonimo di successo.
Oggi come nell'antichità inoltre sportivi e atleti di ogni genere sono riproposti come icone di fisicità secondo un modello compositivo che è rimasto sostanzialmente invariato nel tempo. Costruirsi "un fisico statuario" rientra tra gli obiettivi di uomini giovani e meno giovani.

Un fisico da atleta

Tra i modelli classici di bellezza maschile, uno dei più noti è quello offerto dalla statua *Discobolo* di Mirone, che raffigura un atleta nudo colto nel momento in cui sta per lanciare il disco; nella posa plastica offre l'immagine di un corpo armonico, equilibrato, definito in ogni dettaglio che trasmette l'idea della forza unita alla grazia delle forme; lo stesso messaggio che oggi il fotografo ha inteso proporre raffigurando il celebre ballerino contemporaneo Roberto Bolle colto durante una rappresentazione di danza.

Il modello classico ispirò anche gli architetti che negli anni Trenta del Novecento progettarono il complesso sportivo di Roma, poi denominato Foro Italico: qui furono collocate poderose statue di atleti rappresentanti le diverse attività sportive.

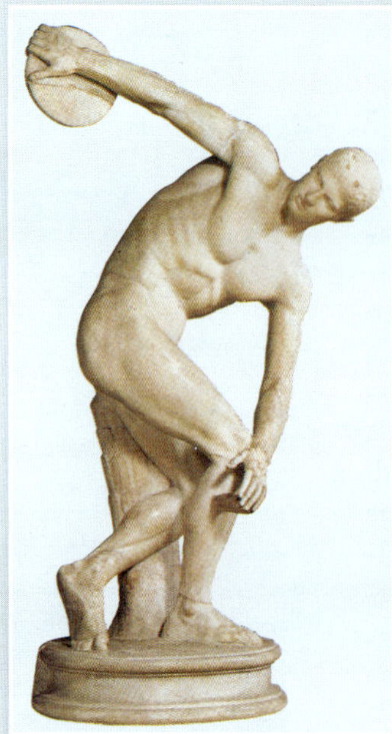

Mirone, *Il Discobolo*, copia romana detta Lancellotti, 480-460 a.C., Roma, Museo Nazionale Romano di Palazzo Altemps.

Il ballerino italiano Roberto Bolle fotografato da Bruce Weber.

La statuaria dell'età classica offre anche una testimonianza di un modello di uomo dalla muscolatura molto sviluppata, evidentemente potenziata per sopportare gli sforzi di specialità violente come la lotta e il pugilato. Un esempio di questo tipo di raffigurazione è dato dalla statua di *Ercole Farnese* di Glycon del III secolo a.C. nella quale si notano la muscolatura di ogni parte del corpo resa possente dall'allenamento. Sul modello di uomo forzuto si basa il mito di Ercole che nell'immaginario moderno è spesso richiamato per descrivere il fisico di atleti particolarmente vigorosi.

L'*Ercole Farnese*, scultura in marmo di Glycon Ateniese databile al III secolo, Napoli, Museo Archeologico Nazionale. Essa risulta essere una copia dell'originale bronzea creata da Lisippo nel IV secolo a.C.

Lou Ferrigno, attore e culturista americano, nei panni di Ercole, nell'omonimo film del 1983.

Antichi & Moderni

Nell'antichità greca il concetto di *kalokagatìa* influenzò tutta la produzione artistica classica. Il termine è composto da due aggettivi *kalòs*, "bello" e *agathòs*, "buono, valoroso", e indica la compresenza in una stessa persona di bellezza fisica e valore morale: cioè che è bello è anche buono. A tuo parere questa associazione antica viene proposta ancora oggi come modello predominante dai *mass media*? Oppure è diffuso un modello diverso? Motiva la tua risposta.

Attività

Lessico

1. Venere non era solo il simbolo della bellezza: per i romani soprattutto, la dea assumeva altre connotazioni importanti. Leggi questi versi del poeta Lucrezio, che sono un inno a Venere.

Madre degli Eneadi, gioia piena di uomini e dei,
alma Venere, sotto gli astri che scorrono in cielo
popoli il mare ricco di navi, e la terra che arreca
le messi: attraverso di te infatti ogni stirpe di viventi
è concepita, e scorge, nata, la luce del sole:
[...]
poiché appena si schiude la vista di un giorno di primavera
e, liberato, prende forza il soffio vivificante di Zefiro,
nell'aria subito, gli uccelli te, o dea, e il tuo giungere
manifestano, toccati nel cuore dalla tua forza.
[...]
poiché tu sola reggi Natura del mondo,
né senza te alcuna cosa alle spiagge di luce divina
sorge, né alcuna cosa diviene gioiosa e degna d'amore

(Lucrezio, *De rerum natura* I, vv.1-30; trad. di G. Milanese, Mondadori, Milano 1992)

Indica i termini che si riferiscono alla bellezza di Venere e quelli relativi alla bellezza della Natura.

Venere: nutrice, ...

Natura: gioia, ...

Comprensione

2. Mentre nella vita di tutti i giorni le donne greche erano ben coperte, nelle statue gli scultori esaltavano la nudità femminile, prendendo a modello però donne vere dell'epoca.
a) Dalle immagini ricorrenti delle Veneri antiche ricordate nel testo quale tipo ideale di femminilità emerge?

....

....

b) Il modello femminile antico ha qualcosa in comune con le icone del femminile moderno?

....

....

Approfondimento

3. La bellezza fisica offre oggi molte opportunità, specialmente se non si hanno altre virtù. Lo avevano capito già gli antichi, come si desume dalla storia di Frine, celebre e bellissima cortigiana ateniese del IV secolo a.C., e del suo avvocato che la difese nel processo togliendola dai guai con un colpo di teatro.
Fai una ricerca su questo personaggio e racconta la sua vicenda.

U6

Lo sport

contenuto integrativo

Nello sport trovano espressione bisogni innati dell'animo umano, come lo spirito di competizione o la voglia di divertirsi. Ai greci si deve la prima formulazione di tipologie di giochi e di regole sportive, poi codificate in manifestazioni ufficiali, come i Giochi olimpici: esibizione di abilità atletica ma anche momento di intensa partecipazione collettiva per la spettacolarità delle gare, il tifo della folla, la suggestione del luogo.

Nel mondo romano Olimpiadi e manifestazioni simili non esercitarono un'attrattiva paragonabile a quella di cui godevano nel mondo greco. Infatti, l'esercizio fisico si praticava nell'ambito della preparazione militare perché nella mentalità pragmatica dei romani l'allenamento per soli fini di esibizione appariva uno spreco di tempo: bastavano, poi, le continue guerre a mostrare il proprio valore, fisico e interiore. Non a caso, quindi, i romani preferirono alle gare atletiche le lotte dei gladiatori: erano la riproposizione su scala ridotta di quella visione agonistica e conflittuale di cui l'intero popolo era portatore.

In entrambe le civiltà giochi e competizioni avevano, però, implicazioni sociali molto simili a quelle odierne: professionismo, divismo ed elevati guadagni, tifo violento, scommesse e malaffare.

Oggi come nell'antichità, del resto, i fenomeni di agonismo organizzato e spettacolarizzato, che caratterizzano il mondo dello sport, gratificano le masse, canalizzandone la violenza, ma talvolta rispondono anche a esigenze di natura politica finalizzate alla ricerca del consenso.

1. Campioni di tutti i tempi

Le Olimpiadi

Tra le competizioni sportive antiche indubbiamente le Olimpiadi erano le più celebri. Il luogo in cui si disputavano, Olimpia, nel Peloponneso occidentale, non era una città, ma una spianata presso un piccolo fiume, col tempo arricchitasi di templi e strutture sportive. In origine infatti vi si celebravano riti sacri a Zeus, che a partire dall'VIII secolo a.C. si ritenne di onorare anche con cerimonie "profane", cioè le gare atletiche. All'inizio erano solo corse di velocità e resistenza, poi si introdussero altre specialità.

Le varie città del mondo greco inviavano delegazioni ufficiali e selezionavano i loro atleti migliori, purché non macchiatisi di delitti o colpe infamanti: in tal caso, per quanto bravissimi, non erano ammessi. Anche dopo la conquista romana, le Olimpiadi rimasero un fenomeno esclusivo del mondo greco: non risulta la partecipazione di alcun atleta romano o di altre nazionalità.
I giochi classici erano impregnati di agonismo, al punto che a Zeus, protettore della manifestazione, gli atleti chiedevano la vittoria o la morte. In quest'ottica si comprende l'accanimento dei concorrenti: non interessava il primato nella specialità atletica, l'obiettivo era esclusivamente vincere per la gloria personale (non esistevano infatti gare a squadre) e della città di origine. E così talvolta si verificavano delle scorrettezze e anche qualche episodio di corruzione, poiché le implicazioni economiche e politiche intorno alle gare erano notevoli.

Non solo per la gloria

Oggi i campioni sportivi sono delle star, celebrati dai *mass media* e strapagati; non accadeva molto diversamente in Grecia: se il premio in gara era puramente simbolico, consistendo in una corona di alloro, ricche ricompense e privilegi attendevano il vincitore in patria – ad esempio il mantenimento a spese pubbliche, esenzioni fiscali, onorificenze varie –, mentre agli sconfitti toccavano vergogna e oblio. Inoltre venivano ingaggiati i più famosi poeti per cantare le gesta degli atleti migliori e tali poesie ne diffondevano la gloria ovunque.
Inevitabilmente il professionismo si affermò, al di fuori delle Olimpiadi, in particolare in specialità come la lotta e il pugilato, che richiedevano allenamenti appositi e dieta iperproteica, cosicché gli atleti più bravi e noti finirono per gareggiare dietro compenso.
Tuttavia la categoria più richiesta e retribuita, soprattutto in età romana, era quella degli aurighi, conducenti dei carri da corsa che potevano guadagnare cifre stratosferiche, come rileva l'iscrizione funebre di Gaio Apuleio Diocle, del II secolo d.C.:

> G.A. Diocle, auriga della fazione Rossa. Nato in Lusitania [Portogallo], morto a 42 anni. [...] Guidò carri a 4 cavalli per 24 anni. Ebbe 4257 partenze (qualcosa di simile a pole position), con 1462 vittorie [...]. Nelle gare con 1 cavallo vinse 1064 volte [...] Nelle gare a 2 cavalli conquistò 347 vittorie [...] nelle gare a 3 ebbe 51 vittorie [...] In 815 gare prese il comando all'inizio e lo tenne fino alla fine. In 67 gare vinse rimontando lo svantaggio. Guadagnò complessivamente 36.863.120 sesterzi [...]"
>
> (ILS, 5287*)
>
> * ILS = Inscriptiones Latinae Selectae.

La cifra finale è davvero notevole, se si pensa che il compenso di un ufficiale di cavalleria dell'esercito al tempo di Domiziano ammontava a 1300 sesterzi annui. Il *curriculum* di Apuleius ricorda direttamente quello di moderni piloti pluri-vittoriosi e milionari.
Oltre che ricchi, gli aurighi potevano divenire popolarissimi, quasi quanto l'imperatore, con largo seguito di impetuosi tifosi. Lo storico Ammiano Marcellino (*Storie* XV, 7, 2) racconta che nel 368 d.C., quando il prefetto di Roma arrestò un auriga, scoppiò una sommossa popolare, dato che la plebe lo considerava quasi come un figlio.

Ricostruzione immaginaria di una corsa di bighe in un circo di Roma.

Naturalmente in un contesto così competitivo e con grosse cifre in gioco, gli affari poco leciti erano frequenti e prosperava il mercato delle scommesse, più o meno legali, tali da condizionare le corse ricorrendo a sistemi consolidati come l'avvelenamento dei cavalli, la corruzione, e varie scorrettezze in gara.

Campioni sportivi: un danno o un vantaggio per la collettività?

I greci manifestarono opinioni diverse su questa glorificazione dei campioni: secondo alcuni gli atleti erano motivo di gloria per le città, a cui conferivano visibilità politica internazionale; per altri, invece, erano personaggi inutili e pure dannosi. Leggiamo in merito i pareri contrastanti di due noti autori greci, Euripide e Pindaro.
Euripide (V secolo a.C.), in un frammento di una tragedia perduta, l'*Autolico*, afferma:

> Dei numerosi malvagi che si aggirano per la Grecia, non c'è razza peggiore di quella degli atleti: costoro in primo luogo non sanno vivere onestamente, né lo potrebbero: come infatti un uomo schiavo della mascella e dominato dal ventre sarebbe in grado di procurarsi una ricchezza superiore a quella del padre? Io biasimo anche la consuetudine dei Greci che organizzano per costoro associazioni, onorano piaceri inutili. Uno che ha affrontato vittoriosamente la lotta, un uomo veloce nella corsa o uno che ha colpito una guancia, quale vantaggio potrebbe procurare con la corona della vittoria alla sua città? Forse costoro combatteranno i nemici con il disco oppure, senza scudi, col pugno li cacceranno combattendo corpo a corpo? È dovere invece cingere di corone i sapienti e gli onesti e chiunque regga la città nel modo migliore, con saggezza e giustizia o chi con le sue parole libera da azioni malvagie ed elimina le battaglie e le lotte intestine. Queste sono le nobili azioni per ogni città e per tutta la Grecia.
>
> (Euripide, *Autolico*, frammento 282)

Molti campioni, dice il poeta, sono retti da pulsioni elementari e bassi interessi; spesso le loro condotte di vita sono un pessimo esempio e non pochi di loro ricorrono a mezzi illeciti per affermarsi. Il loro contributo alla vita e alla difesa della cittadinanza è nullo.

La pensa diversamente Pindaro (V secolo a.C.), che così celebra il lottatore Aristomene di Egina:

> Dall'alto sei piombato, con feroce intenzione,
> sui corpi di quattro avversari,
> per i quali non fu destinato un lieto rientro,
> né al loro ritorno presso la madre
> un lieto sorriso li attenderà;
> si nascondono, umiliati dalla sconfitta, lontano
> dai loro avversari, nei vicoli.
> Ma chi ha appena ottenuto la vittoria,
> vola dalla speranza alla somma
> felicità sulle ali delle sue imprese
> con un pensiero più forte della ricchezza.
>
> (Pindaro, *Pitica* VIII)

Aristomene ha atterrato quattro avversari: a loro tocca vergogna, a lui la gloria, che nel mondo greco ha più valore della ricchezza. E nel resto dell'ode, Pindaro elogia la sua terra, Egina, per aver generato un tale campione che l'ha onorata.
Anche oggi certe vittorie sportive sono vissute come motivo di vanto per intere nazioni, e viceversa le sconfitte rappresentano un disonore, una vergogna. Ai recenti Campionati mondiali di calcio del 2014, la sconfitta della squadra di casa ha scatenato autentico dolore tra i tifosi e ovviamente tante polemiche.
Con queste parole il giornalista Andrea Monti commenta l'eliminazione dell'Italia:

> Mondiali, Italia fuori, fra morsi e rimorsi
> [...] il nostro calcio è giunto a un mesto capolinea ma la sconfitta non coinvolge solo quelli che stavano in campo e chi li ha guidati. Riguarda un intero sistema che va rivoluzionato e bonificato alle radici, dalle curve alle scuole di calcio, dai club alle istituzioni. [...]

La catastrofe in Brasile è grave e vergognosa. [...]
Tra lotte di potere, risse condominiali, calcoli bilancistici e furbate sui diritti televisivi, il nostro calcio frana perché ha perso di vista il pallone. Cioè il suo core business, che invece resta fatto di gioco, passione, organizzazione ma soprattutto di talento e carattere. Ciò che è platealmente mancato a molti giovani della spedizione brasiliana. Buffon può apparire rude e persino ingeneroso ma ha assolutamente ragione quando, dopo aver parlato di "eliminazione meritata", punta il dito contro le nuove leve. Il nome non lo dice ma il bersaglio è scoperto. Mario Balotelli non sarà il colpevole delle nostre disgrazie ma è certamente l'icona del giocatore sopravvalutato. [...]
Nelle sconfitte, soprattutto le più severe, c'è sempre una lezione da imparare. Quella che ci viene dalla disastrosa avventura brasiliana è persino ovvia: toccato il fondo, il calcio italiano dev'essere ribaltato.

(A. Monti, in "La Gazzetta dello Sport", 25 luglio 2014)

Il lessico usato dal giornalista è di per sé eloquente: vergogna, disastro, catastrofe, disgrazie... segnali di una partecipazione emotiva intensa, dissimulata dallo stile composto e attento.

Un gruppo di tifosi per l'Italia ai mondiali del 2014.

Antichi & Moderni

1. Dopo la fine delle Olimpiadi antiche, imposta dall'imperatore Teodosio nel 392 d.C., i giochi rinacquero nel 1896, quando il barone Pierre de Coubertin organizzò le prime Olimpiadi moderne all'insegna di un nobile dilettantismo: l'importante è partecipare. Un greco antico avrebbe condiviso questo motto? Perché?

2. Gli atleti greci competevano per la gloria personale e per quella della loro patria. Ritieni che anche oggi il successo di un atleta comporti un incremento di prestigio internazionale per il paese da cui proviene? Argomenta la tua risposta anche riferendoti a episodi sportivi attuali.

2. Tifoserie

La maglia del cuore

Per capire la presa che gli eventi sportivi avevano nella società antica, leggiamo la testimonianza di Giovenale a proposito delle corse dei carri, in cui si affrontavano fazioni sostenute da appassionate tifoserie:

Un boato dal circo mi percuote le orecchie, ne deduco la vittoria dei Verdi: se avessero perso, tutta Roma ne sarebbe rimasta avvilita e sbigottita, come per la disfatta di Canne.

(Giovenale, *Satire* IV, 11, vv. 196-201)

Quanto alla "passione" dei tifosi, Plinio il Giovane notava:

Mi meraviglio di una tal massa di gente che così puerilmente ogni volta brama di vedere cavalli in corsa e fantini sul cocchio: almeno fossero attratti dalla velocità dei cavalli o dalla bravura dei guidatori! Invece è solo fissazione per la maglia degli aurighi e se per assurdo il favorito che acclamano si togliesse quella divisa e ne prendesse un'altra, lo scaricherebbero subito. Tale è il potere di un panno colorato non dico sulla gentaglia, ma pure su uomini seri.

(Plinio il Giovane, *Lettere* IX, 6)

Evidentemente a Plinio risultava inspiegabile e irrazionale l'attaccamento alla "maglia" della propria squadra. Eppure oggi si sono addirittura coniate espressioni del tipo "fede rossonera" o "bianconera" o di qualsivoglia colore, per indicare il cieco attaccamento a una maglia.

Zlatan Ibrahimović bacia la maglia del Barcellona.

Ultrà

A volte il tifo può degenerare in violenza. Questo accadeva già tra i romani, che in casi estremi ricorrevano a misure drastiche. Racconta lo storico Tacito:

> Durante uno spettacolo di gladiatori per futili motivi scoppiò una rissa sanguinosa tra Pompeiani e Nocerini. Dapprima, con l'intemperanza tipica dei cittadini di provincia, si lanciarono insulti, poi passarono alle sassate, quindi misero mano ai coltelli. Quelli di Pompei, dove si teneva lo spettacolo, ebbero la meglio, mentre molti Nocerini furono trasportati a Roma, con ferite e mutilazioni, senza contare la morte di numerose persone. Le indagini giudiziarie furono affidate al Senato che proibì per dieci anni ai Pompeiani altri spettacoli e furono sciolte le associazioni che si erano costituite illegalmente. I responsabili dei disordini furono condannati all'esilio.
>
> (Tacito, *Annali* XIV, 17)

Affresco pompeiano che immortala la rissa narrata da Tacito.

La rissa costò ai pompeiani la "squalifica" del campo per dieci anni, ma la misura più importante riguardò lo scioglimento delle associazioni illegali che avevano favorito i disordini. Non è del tutto chiaro che cosa fossero tali associazioni, ma molto probabilmente si trattava di organizzazioni di lavoratori che al circo si trasformavano in fanatici tifosi, molto simili agli ultrà moderni.
Al Colosseo, per evitare i disordini, erano adottati sistemi all'avanguardia: posti numerati, tessere di ingresso, arresto immediato in caso di detenzione abusiva di armi, ingressi alle gradinate strutturati in modo tale da evitare la calca e talora sorveglianza dei *vigiles*, la polizia cittadina, sugli spalti.
In qualche caso si arrivò a situazioni estreme: nel 532 d.C. a Costantinopoli scoppiò una rissa tra opposte tifoserie, che degenerò in guerriglia urbana e poi in aperta rivolta contro l'imperatore Giustiniano. La repressione dei disordini fu feroce: approfittando di una gara che aveva richiamato grande folla al circo, l'imperatore ordinò ai soldati di eliminare i turbolenti e 30.000 persone furono uccise.
Nel mondo antico non c'erano competizioni a squadre, tuttavia nelle corse dei carri si affrontavano quattro fazioni o scuderie – Rossi, Verdi, Bianchi, Azzurri, dal colore delle tuniche degli aurighi – poi ridottesi a due, Verdi e Azzurri, sostenute dal tifo violento di ultrà organizzati, come testimonia lo storico Procopio di Cesarea di età bizantina:

> In ogni città la plebe è divisa nelle fazioni dei Verdi e degli Azzurri, ma solo di recente, per la rivalità nelle gare e la scelta dei posti nel circo, i cittadini sperperano denaro e si azzuffano tra loro, non esitando a rischiare la vita per uno scopo così futile.
> Ma è vivo tra di loro un odio che non ha giustificazioni e che dura tutta la vita, senza mai placarsi, perché non cede neppure ai legami matrimoniali, né a quelli della consanguineità o dell'amicizia, anche se sono fratelli o parenti coloro che si trovano rivali nella passione per l'uno o l'altro di questi colori.
> Non importa loro né di leggi religiose, né di leggi umane, di fronte all'entusiasmo di veder vincere il colore prediletto. [...] Se anche si trovano privi delle cose di prima necessità o la patria è colpita dalle più gravi sventure, non muovono un dito, a meno che ciò non offra una vittoria per la loro parte. [...] A mio parere non si può definire questo se non un pervertimento morale.
>
> (Procopio di Cesarea, *Bellum Vandalicum* I, 24-26)

In un'altra opera, la *Storia Segreta*, Procopio, descrivendo i misfatti di Giustiniano, così rievoca il clima che si era creato in città:

> I tifosi fanatici si distinguevano per abbigliamento e dettagli: non si tagliavano i capelli come gli altri Romani: sul davanti erano rasati, sino alle tempie, ma dietro se li lasciavano penzolare [...]
> Poi optavano per un abbigliamento vistoso [...]: la manica della tunica era strettissima al polso per allargarsi smodatamente verso le spalle, e quando agitavano le braccia nei consueti strepiti e incitamenti questa parte dell'abito cresceva in volume cosicché gli spettatori più sciocchi supponevano che i corpi di costoro fossero belli e vigorosi [...]
> Portavano mantelli, pantaloni e calzature di tipo barbarico e pure armi che di notte sfoderavano, di giorno nascondevano sotto i mantelli; all'imbrunire si riunivano in gruppi per rapinare i malcapitati in piazza o nei vicoli.
>
> (Procopio di Cesarea, *Storia Segreta*, cap. VIII)

Il racconto di Procopio non sfigurerebbe in una pagina di cronaca contemporanea, anche per la descrizione dei segni esteriori di appartenenza, come il taglio dei capelli o l'abbigliamento, che richiamano sciarpe e altri oggetti dei tifosi di oggi.

Dagli spalti del circo ai *talk show*

Oggi, non diversamente da quanto avveniva nell'antica Roma, i tifosi discutono animatamente dei risultati delle gare o delle partite, mentre giornali specializzati e *talk show* alimentano discussioni e polemiche, talvolta creando circoli viziosi.

Studio televisivo di talk show, per l'Italia ai mondiali 2014. Già dal titolo dichiara la sua natura di spettacolo di intrattenimento.

In proposito commenta il giornalista e scrittore Mariano Sabatini:

> I mondiali di calcio in corso (2014) hanno risvegliato in tutti noi quelle sopite doti strategiche che ci rendono, presi uno per uno, i migliori ct della nazionale in circolazione: quel pressing era fiacco, quello era fuorigioco sicuro, la punizione c'era eccome, Pirlo batte la fiacca, Balotelli lo terrei fuori... Ognuno ha in tasca la ricetta per portare a casa il trofeo. E in tutto ciò è inevitabile l'orgia di talk show sportivi, un po' su tutte le reti, in cui ad ogni ora si disquisisce con la tipica ossessività maniacale di convocazioni, utilizzazioni, preparazione, resa in campo. Ma se non hai speso gran parte della tua esistenza appresso alla sfera di cuoio [...], inutile sperare di capirci qualcosa. Lessico e riferimenti sono da iniziati, club esclusivo, setta. [...] Un conduttore, o meglio ancora una conduttrice, in piedi, tre o quattro ospiti assisi dietro un tavolone e via con le chiacchiere, del tutto autoreferenziali. Spesso pleonastiche. In cui i convenuti si rivelano del tutto ignari di quanto asseriva il filosofo Elio Matassi: "Chi sa solo di calcio, non sa nulla di calcio.
>
> (M. Sabatini, *L'inutilità mondiale dei talk show sportivi*, in www.notizie.tiscali.it [gennaio 2015])

Il giornalista sottolinea come le chiacchiere televisive, come i pareri di improvvisati commissari tecnici si autoalimentino, senza dire pressocché nulla, ignorando che il calcio è solo una componente di un sistema più ampio, che investe non solo lo sport ma pure meccanismi economici e sociali di cui si parla poco alla televisione e sui giornali.

Non diversamente andavano le cose nell'antica Roma. Lo storico romano Ammiano Marcellino scrive a tale proposito:

> [A Roma] è l'occupazione che di gran lunga appassiona di più la massa, dall'alba alla sera, con il sole o con la pioggia: discutere, esaminare minuziosamente pregi e difetti di aurighi e cavalli. E desta non poca meraviglia la scena di una plebe sterminata con le menti come stordite da un colpo di calore, magnetizzata dalle gare disputate con i cocchi. Tali e simili circostanze impediscono che a Roma si riesca a concludere qualcosa di serio.
>
> (Ammiano Marcellino, *Storie* XIV, 25-26)

Con minimi cambiamenti, l'analisi di Ammiano si adatterebbe al contesto moderno. Quello che colpisce di più è l'osservazione sulle menti "stordite": il chiacchiericcio sportivo agirebbe come una sorta di droga che distoglie da questioni più serie e consente di evadere dalla quotidianità.

Antichi & Moderni

1. Quali differenze e quali affinità vi sono, secondo te, tra un tifoso dei Verdi o degli Azzurri dell'antichità e un "rossonero" o un "nerazzurro" di oggi?
2. Fai un esempio di sano tifo (calcistico o altro) e un esempio di tifo esasperato e violento attingendo dalle cronache sportive dei giorni nostri, poi spiega per quali motivi, secondo te, alcune competizioni sportive producono rivalità che degenerano in pestaggi e risse, se non peggio.
3. Ti abbiamo presentato un'opinione negativa nei confronti dei *talk show* sportivi e, in generale, della stampa specialistica. Tu come la pensi? Condividi quanto scritto dal giornalista, oppure ritieni che l'informazione sportiva, comunque venga condotta, sia importante per i tifosi e per gli appassionati?

3. Vittoria o morte: politica sociale allo stadio

Pane e giochi del circo

I giochi dei gladiatori, che nell'immaginario odierno sono uno dei simboli dell'epoca romana, nacquero a margine di cerimonie funebri di illustri personaggi, ma – come hanno rilevato alcuni storici – i combattimenti non servivano tanto a onorare il morto con un'offerta di sangue quanto a mostrare, soprattutto ai più giovani, quelle virtù di forza e resistenza che il defunto aveva esibito in vita: si trattava, insomma, di uno spettacolo "pedagogico".
L'importanza sociale dei giochi gladiatori è testimoniata da un provvedimento del 42 a.C., con cui le autorità se ne accollarono gli oneri. Da allora essi divennero l'equivalente delle gare olimpiche nel mondo greco: un momento di aggregazione della collettività, un riflesso dei suoi valori guerreschi e non ultimo un ottimo strumento per canalizzare il malcontento e talvolta l'esasperazione delle masse. *Panem et circenses*, "pane e giochi del circo": fu il poeta Giovenale (I-II secolo d.C.) a sintetizzare con questa espressione, divenuta celebre, quella che divenne una vera e propria direttiva politica, cioè soddisfare i bisogni primari delle folle e distrarle da questioni ben più decisive, come l'impoverimento delle masse contadine, la corruzione dei potenti, il dispotismo imperiale.

Sgozza, lascia

In tempo di pace a Roma l'evento socialmente più rilevante erano i *ludi circenses,* i giochi del circo, designazione generica per tipi diversi di giochi: c'erano le corse di carri che si tenevano al Circo Massimo, mentre i *ludi gladiatorii*, le cacce alle belve, le esecuzioni dei condannati si svolgevano al Colosseo.
Gli scontri tra gladiatori erano lo spettacolo preferito, soprattutto perché la plebe poteva esercitare l'esaltante potere di vita o di morte sullo sconfitto: dagli spalti si alzava il grido di 50.000 romani "Iugula, iugula!", cioè "sgozza, sgozza!" e per il vinto il destino era segnato; oppure se si sentiva risuonare "Mitte, mitte!", "lascialo!" c'era clemenza.
Che l'urlo fosse accompagnato dal gesto del pollice puntato verso il basso o l'alto è questione ancora aperta tra gli studiosi, ma nell'immaginario moderno, condizionato da certa filmografia, è considerato un dato di fatto.

Celebre quadro di Jean-Leon Gerome, *Pollice verso*, 1872, che raffigura il momento decisivo in cui il gladiatore sconfitto a terra attende il suo destino dalla folla in visibilio.

L'attrazione per il sangue

Nelle *Confessioni* di Agostino troviamo una testimonianza dell'attrazione morbosa per l'esibizione del sangue ai suoi tempi.
L'amico più caro di Agostino, Alipio, era giunto a Roma per studiare Diritto: un bravissimo ragazzo, di sani principi, ma che finì travolto dalla passione per i giochi, lui che prima ne aveva disgusto. Un giorno fu trascinato dai compagni al Colosseo; all'inizio cercò di non assistere a quel macello coprendosi gli occhi, ma quando scoppiò un boato della folla non poté resistere, guardò e vide un gladiatore ferito, grondante sangue, a terra. A quel punto le sue resistenze furono vinte e da allora in poi divenne uno dei più accaniti spettatori:

> Un immane urlo di popolo lo fece sussultare: vinto dalla curiosità [...] aprì gli occhi e l'anima sua fu colpita da una ferita più grave di quella ricevuta nel corpo dal gladiatore che per un istante aveva voluto guardare [...]. Vedere quel sangue e imbeversi di crudeltà fu tutt'uno: non ne distolse gli occhi, anzi ve li fissò; respirava furore senza accorgersene, prendeva gusto a quella lotta criminale, ubriaco di piacere sanguinario. Non era più quello che era venuto, ma uno della plebaglia e degno compare di quelli che lo avevano condotto. Che dire di più? Guardò, gridò, si entusiasmò: se ne venne via portando una febbre che lo spinse a tornare, non solo con quelli che lo avevano trascinato, ma primo di essi, trascinatore di altri.
>
> (Agostino, *Confessioni* VI, 8)

I romani non erano più crudeli di noi: paradossalmente, i giochi circensi erano una forma istituzionalizzata di violenza entro un luogo circoscritto, che conteneva e incanalava il potenziale di violenza che avrebbe potuto manifestarsi altrove. Quando le autorità romane concedevano alla plebe il diritto di vita o di morte sui combattenti, attuavano una misura politica: offrivano alle masse l'illusione di contare qualcosa, almeno dentro lo stadio, quasi un risarcimento della loro insignificanza politica. Inoltre, negli anfiteatri e nei circhi, il potere imperiale celebrava se stesso: ad esempio, l'esibizione nell'arena di belve esotiche che venivano poi uccise era un modo per ribadire la forza di Roma, capace di portare la Natura selvaggia nel cuore dell'impero e domarla. Pensiamo alle moderne arene pugilistiche, all'eccitazione della folla quando l'avversario vacilla mentre essa incita il suo favorito a finirlo e con l'urlo che accompagna il k.o.
Che l'evento sportivo attivi meccanismi profondi di emotività, che spesso diventa incontrollabile, è ormai accertato da vari studi di psicologi e sociologi. In proposito, è interessante leggere qualche passo di uno studio recente di Mario Battaglia:

> Seguire uno sport da spettatore, magari tifando, dà la possibilità di sottoporre il proprio animo a un eccitamento per nulla indifferente. Del resto lo stato di eccitamento è la prima caratteristica che i più noteranno nell'osservazione di un tifoso allo stadio [...]. Gli spettatori [...] seguono le azioni di gioco con grande attenzione. Essi si identificano completamente nella loro squadra del cuore o nel loro campione preferito [...].
> Secondo il sociologo canadese Gruneau, buona parte degli episodi che si verificano in occasione delle gare sportive è da attribuire all'eccitazione indotta da significati simbolici che assume lo sport, che si carica di "colossali e utopistiche aspirazioni alla conquista di un mondo di libertà, di gesta eroiche e di uguaglianza".
> L'eccitazione che si può percepire assistendo a una competizione sportiva, si avverte nei movimenti in cui si evidenzia una situazione che, a brevissimo termine, può modificare in un modo o nell'altro, in maniera determinante, l'esito della gara (per esempio, quando un attacante si avvicina all'area di rigore [...] e si "batte" con i difensori della squadra avversaria).
>
> (M. Battaglia, *Aspetti sociologici, psicologici e pedagogici dello sport*, in www.my-personaltrainer.it [gennaio 2015])

L'autore afferma che l'emotività del tifoso nasce dall'identificazione con l'atleta, specialmente nel momento decisivo: insomma proiettiamo su di lui il nostro desiderio inconscio di decidere le sorti della gara, di fare qualcosa di eroico, che ci metta alla pari di grandi e celebrati campioni e ci consenta di evadere dal grigiore quotidiano. Si comprende quindi anche la sensazione inversa, di fallimento, di rabbia, di frustrazione se le cose vanno male.

Attività

Lessico

1. Svariati termini del lessico sportivo derivano dalle lingue classiche, con minime modifiche. Ti presentiamo due liste: nella prima, in ordine alfabetico, vi sono parole-base di uso corrente in ambito sportivo; nella seconda i vocaboli latini e greci da cui derivano con il loro significato originale. Abbinali correttamente, poi spiegane il significato moderno.

Lemmi italiani	Lemmi greci e latini	
Agonismo	*Fallere*	"Violare" qualcosa, venir meno a qualcosa.
Ammonizione	*Àthlon*	"Gara", ma anche "premio".
Arbitro	*Gỳmnos*	"Nudo"; i greci praticavano nudi esercizi fisici e gare.
Atletica / atleta	*Stàdion*	"Stadio", misura di lunghezza per le corse, equivalente a 180 (o 200) mt.
Ciclismo	*Tỳphos*	"Illusione", oppure in ambito medico febbre con stordimento. Ha la stessa radice del verbo *typhoo*, "essere reso folle".
Competizione	*Kỳklos*	"Cerchio, ruota".
Concorrente	*Chrònos*	"Tempo", unito a *metron*, "misura".
Cronometro	*Sphàira*	"Sfera".
Espulsione	*Cum - petere*	*Cum*, "insieme"; *petere*, "aspirare a qualcosa, dirigersi verso qualcosa".
Fallo	*Cum - currere*	*Cum*, "insieme" *currere*, "correre" con qualcuno.
Fanatico	*Meta*	A Roma la meta era una sorta di colonna posta su un muro basso al centro dello stadio, e segnava il punto in cui i carri dovevano svoltare per effettuare il giro di pista.
Ginnastica / ginnico	*Ob - staculum*	Dal verbo *ob-stare*, "stare di fronte" e quindi impedire il cammino.
Natatorio	*Primus*	"Primo".
Meta	*Pugile(m)*	"Pugile".
Ostacolo	*Admonitio*	"Avviso".
Primato	*Expellere*	"Scacciare, allontanare".
Pugile	*Arbiter*	"Giudice".
Sponsor	*Sponsor*	La parola è entrata in italiano dall'inglese, che a sua volta l'ha derivata dal latino, in cui significava "garante".
Sferisterio	*Ultra*	Dalla radice latina *ultra*, "oltre", ciò che è situato oltre qualcosa.
Stadio	*Natare*	"Nuotare".
Tifo	*Fanaticus*	Da *fanum*, "il tempio", da cui sorgeva l'ispirazione divina, l'invasamento che prendeva il fedele.
Ultrà	*Àgon*	"Gara, lotta, scontro".

2. Il termine greco *dròmos*, "corsa" oppure "luogo dove si corre" è usato come suffisso di alcune parole italiane legate allo sport. Partendo dalla definizione, indica il vocabolo corrispettivo.

a) Luogo dove corrono i cavalli ....

b) Luogo dove corrono i cani ....

c) Luogo dove corrono i ciclisti ....

d) Luogo dove corrono le automobili ....

3. Anche il termine greco *àthlon* è usato come suffisso per indicare alcune specialità sportive: quali?

....

LETTURA DEI TESTI

4. Leggi il brano e rispondi alle domande.
Nella polemica contro i campioni sportivi, il poeta Senofane diceva:

> Non è giusto preferire la forza alla retta sapienza: infatti se ci fosse un pugile valente tra la gente, se uno fosse eccellente nella lotta o nel pentathlon, se avesse velocità nella corsa, che è la più onorata tra le gare di forza tra gli uomini, non per questo la città ne ricaverebbe maggiormente buon governo; sarebbe ben modesta soddisfazione per essa se uno gareggiando vincesse [...]: non è questo che riempie i forzieri della città.
>
> (frammento 2 GP)

a) Qual è il tema su cui verte la riflessione?

....

b) Condividi gli argomenti del poeta?

....

c) Esprimi il tuo parere anche alla luce di ciò che avviene oggi.

....

5. Leggi il brano e rispondi alle domande.

> La carriera dei gladiatori cominciava e molto spesso finiva precocemente; in un'epigrafe funeraria, conservata a Milano, dedicata da una donna al marito perito nell'arena, si legge:
>
> Alla memoria di Urbico. Apparteneva alla prima categoria di gladiatori, era di Firenze;
> ha sostenuto 13 combattimenti e ha vissuto 22 anni. Lascia due figlie, Olimpia di 5 mesi e Fortunensis e la moglie Lauricia, che ha vissuto 7 anni con il suo benemerito sposo. Vi esorto a uccidere chi l'ha vinto. I suoi tifosi ne conserveranno la memoria.
>
> (ILS, 5115)

a) A quanti anni si sposò Urbico?

....

b) Perché la moglie chiede vendetta contro il suo uccisore, pur conoscendo i rischi del mestiere?

....

6. Leggi i seguenti brani di Virgilio, il primo tratto dalle *Georgiche*, il secondo dall'*Eneide*, poi rispondi alle domande.

> Incalzano roteando la frusta, e ricurvi allentano le briglie; vola pieno di foga l'asse del carro; i conducenti ora chini ora dritti sembrano fendere il cielo e levarsi nell'aria; né indugio, né tregua; si alza una nuvola di polvere rossa, la bava schiumante e il fiato degli inseguitori li bagna: tanto grande è il desiderio di gloria, il desiderio di vittoria.
>
> (Virgilio, *Georgiche* III 105 ss., Rizzoli, Milano 1991)

Darete ed Entello vennero allo scontro: poderoso e massiccio l'uno, più giovane e mobile di piedi l'altro. Si scambiarono colpi rimbombanti su fianchi e petto; senza posa le mani guizzavano alle orecchie, alle tempie, alle mascelle. Entello schivava i colpi muovendo il busto e con occhi attenti, Darete incalzava, cercando un varco nella difesa. Poi Entello calò un pugno dall'alto, ma fallì il bersaglio, si sbilanciò e cadde a terra. Si rialzò e piombò su Darete come una furia, tempestandolo di pugni. A quel punto Enea fermò lo scontro...Darete a stento si trascinava sulle ginocchia, ciondolando la testa, vomitando sangue e denti.

(Virgilio, *Eneide* V, vv. 424-484, Mondadori, Milano 1991)

a) Di quali gare si sta parlando?

....

b) Da quali termini si può dedurre?

....

7. Leggi il seguente brano e rispondi alle domande.

Una schiera di Nereidi [ragazze in costume], ben addestrate ha dato uno spettacolo sulla superficie liquida, e ha rappresentato varie figure sull'acqua, che si prestava tranquillamente agli esercizi. Sono stati raffigurati un tridente... un remo, una nave... la costellazione dei Dioscuri...

(Marziale, *Libro degli spettacoli* XXVI)

a) A quale sport acquatico moderno si può paragonare la descrizione di Marziale?

....

b) A partire da questo spunto, svolgi una ricerca sui giochi acquatici conosciuti e praticati dagli antichi. Quali erano? Come venivano eseguiti?

....

APPROFONDIMENTO

8. Nelle moderne Olimpiadi sono inserite gare di lotta greco-romana e lotta libera. Svolgi una ricerca sulle prese consentite nell'antichità e su quelle ammesse ora, rivelando affinità e differenze, poi chiarisci la differenza tra i due tipi di lotta.

9. Esisteva in Grecia anche una gara assai violenta: il pancrazio, riservata a pesi massimi, in cui tutto era consentito, tranne cavare gli occhi. Quale tipo di lotta, praticata soprattutto negli Stati Uniti, è assimilabile all'antico pancrazio? Dopo averla individuata, sottolinea affinità e differenze tra la disciplina moderna e quella antica.

U7

contenuto integrativo

Balli e canti

Perché i giovani sentono tanto l'attrazione del ballo in discoteca? Secondo gli studiosi del fenomeno, la discoteca è uno spazio ipnotico, trascinante, per sua natura separato dal mondo consueto, dove ritmi, musiche e movimento conducono in uno stato simile alla *trance* e dove il contatto socializzante con gli altri genera euforia ed energia. Una spinta in tal senso arriva in qualche caso anche dall'alcol e dalle droghe, sostanze che danno l'illusione di aiutare la performance e aumentare il divertimento.

Non meno potente della danza nello stimolare forti reazioni emotive è il canto, specialmente se accompagnato da musica; del resto, che la musica e il canto abbiano potere psicagogico (dal greco *psychè*, "anima", e *aghèin*, "trascinare") è esperienza comune: un canto può commuovere, esaltare, incoraggiare, immalinconire. Ne abbiamo una chiara esemplificazione nei concerti delle rock star, in cui folle di giovani si esaltano alle note trascinanti dei loro idoli.

Quelle che sembrerebbero mode o trasgressioni giovanili tipiche della modernità, a un'analisi più attenta si rivelano invece lo specchio di ritualità antichissime, nelle quali la danza e il ritmo erano i mezzi per attingere al divino e al trascendente.

1. Tra ballo e sballo: dal rito dionisiaco al *rave*

Nel nome di Dioniso

Nel mondo greco rito religioso, danza e musica si connettono nelle cerimonie in onore di Dioniso, dio dell'ebbrezza, delle forze oscure dell'anima, della sensualità, dell'eros istintivo.

Nel suo corteo compaiono i satiri, divinità dei boschi, simbolo di sessualità esuberante, e le baccanti, donne che celebravano la divinità con danze e cori. La parola "baccanti" deriva dal nome latino del dio Dioniso, Bacco; in greco, invece, le baccanti erano chiamate "menadi", dal verbo *màinomai,* "diventare furioso, folle", perché erano rese tali dalla divinità.

I riti dionisiaci rispondevano a un bisogno di liberazione, di superamento dei limiti imposti dalla realtà e dalle imposizioni sociali, ma in una forma che incanalava e "conteneva" le energie liberate: i seguaci, infatti, onoravano il dio in posti lontani dalla città, sulle montagne o nei boschi; durante le cerimonie si beveva, si ascoltava musica ritmata, ci si lasciava andare, talora usando anche sostanze allucinogene o altre droghe (come l'*opium,* cioè l'oppio da papavero); poi, si tornava alla vita normale, lasciando ai monti e ai boschi il segreto del rito.

Menadismo e *trance*

Dalle menadi è derivato il termine "menadismo", oggi usato per indicare l'atto di abbandonarsi a danze frenetiche. Tra gli antropologi che si sono occupati di individuare il legame tra rito religioso, danza e scatenamento di energie nascoste vi è Eric Dodds, autore di uno studio fondamentale dal titolo *I Greci e l'irrazionale* (1949). Nel capitolo dedicato al menadismo, egli mostra come la danza liberi energie tali da trasformarsi in uno stato di *trance* nella quale possono comparire addirittura alterazioni fisiologiche, come ad esempio l'"analgesia isterica", ossia l'assenza di dolore in stato mentale stravolto. A conferma che ciò avverrebbe in danze rituali di ogni epoca e luogo, Dodds cita, tra gli altri, i balli cerimoniali degli indiani della Columbia Britannica (Canada), durante i quali i danzatori maneggiavano e mettevano in bocca carboni ardenti senza scottarsi.

Bassorilievo raffigurante menadi danzanti, II secolo a.C. - I secolo d.C., Roma, Museo di Scultura Antica Giovanni Barracco.

Le Baccanti in scena

Una delle rappresentazioni più intense e inquietanti della potenza scatenata da Dioniso è nella tragedia *Le Baccanti* di Euripide.
Nelle parti iniziali dell'opera il coro descrive l'atmosfera che si crea alle feste di Dioniso, a cominciare dalla musica, suadente prima, poi trascinante, basata su due strumenti, il tamburo e il flauto: il primo scandisce il ritmo, il secondo crea un contrappunto con effetto psicagogico, spingendo a danzare chiunque, anche i vecchi.

O dimora segreta dei Cureti,
sacri anfratti di Creta,
grotte natali di Zeus:
qui i Coribanti, cimieri a tre punte[1],
questo timpano, pelle tesa di toro,
per me inventarono.
Nell'intenso furore
lo mescolarono all'alito lieve dei flauti di Frigia
e lo affidarono alla Madre Rea,
compagno di strepito al grido delle Baccanti, euòi[2].
Lo ebbero i Satiri folli
dalla Madre Dea,
strumento perfetto
per le danze triennali,
gioia di Dionìso.
Dolce, sui monti, quando dalle sfrenate corse

[1] **Cureti ... Coribanti**: secondo il mito sono i seguaci, rispettivamente, di Rea e di Cibele. Quando Rea nascose Zeus in una grotta di Creta, per nasconderlo al padre Crono, furono Cureti e Coribanti, con i loro strumenti, a coprirne i pianti e i vagiti.
[2] **Euòi**: o evoè, a seconda delle traduzioni: è il grido di gioia delle baccanti.

si schianta a terra il tiaso[3],
addosso la sacra pelle del cerbiatto,
ebbro del sangue del capro fatto a brani,
ebbro di carne divorata viva,
quando si slancia sui monti di Frigia e di Lidia:
il dio del Fremito è nostra guida, euòi.
Stilla di latte la terra,
stilla di vino,
stilla di nettare d'api.
Aroma d'incenso di Siria nell'aria:
è Bacco, che esala dal tirso baleni di fiamma di pino,
si slancia a corsa e a ritmo di danza,
incita i suoi compagni erranti,
eccita con le sue grida,
scaglia al cielo il vortice dei suoi molli capelli.
E tra le grida di euòi ha fremito di tuono la sua voce:
oh, venite, Baccanti
oh, venite, Baccanti,
splendore del Tmolo[4] nervato di rivoli d'oro:
celebrate col canto Dionìso
col fremito dei timpani profondo:
esultanti clamori di gioia, euòi,
per il dio della gioia, euòi,
tra grida e suoni di Frigia,
quando la melodia del flauto
è fremito di ritmi sacri,
compagni a chi vaga sul monte, sul monte:
felice, allora, come cavalla con sua madre
al pascolo, muove rapido il piede, a balzi, la Baccante.

(Euripide, *Le Baccanti*, vv. 120-167, trad. nostra)

---

[3] **Tiaso**: il gruppo di fedeli di Dioniso.
[4] **Tmolo**: Nome antico di un sistema montuoso dell'Asia minore, ora detto Bozdoğan.

L'eccitazione indotta dal vino e dalla musica ritmata sgancia la mente dalla dimensione ordinaria: le Baccanti possedute dalla divinità entrano così nella condizione di *enthousiasmòs*, che letteralmente significa "avere il dio dentro di sé".

Dioniso e Apollo

Oltre che frenesia ed eccesso, la danza è anche ordine, disciplina, costante allenamento per evitare che il movimento diventi scomposto e brutto, soprattutto quando la danza diventa spettacolo: è, questa, una delle ambiguità tipiche del mondo greco.
Il dualismo tra corporeità e spirito, tra istinto e ragione, si suole esprimere con due figure simboliche attinte al mito greco: Apollo e Dioniso. Il primo è il dio del Sole, della luce, della chiarezza esteriore e interiore, ma è anche il dio protettore e ispiratore di poeti: "apollineo" è sinonimo di ordine e razionalità, di armonia, di conciliazione di opposti. Dioniso, come si è visto, richiama il mondo nascosto e inquietante della psiche, gli istinti che si annidano nei labirinti della mente, pronti a emergere laddove si fornisca loro una via di uscita, con danza e vino.
Eppure entrambi gli dei hanno pari dignità in Grecia, perché rappresentano le due polarità che convivono in ogni individuo, costantemente alla ricerca del giusto equilibrio tra le pulsioni istintive, impossibili da reprimere, se non a rischio di una deflagrazione incontrollabile, e la necessità di controllo razionale di sé e del mondo circostante.
Per i Greci la risposta a queste esigenze poteva venire proprio dalla danza: attraverso un movimento coreografico ordinato, movenze armonizzate dal ritmo musicale che le asseconda e le guida, si dà sfogo alle energie, con reciproco vantaggio della mente che si libera dagli affanni e del corpo che si plasma armoniosamente.

La danza come forza, bellezza e cura

L'elogio più intenso e convinto della danza viene da uno scrittore greco, Luciano di Samosata (II secolo d.C.), che ha composto un'opera, *La danza*, in forma di dialogo tra Licino, fan del ballo, e Cratone, arcigno filosofo che invece lo disprezza. Licino avvia un'appassionata difesa della danza a tutto campo: ne illustra i precedenti storici, la diffusione presso tutti i popoli, i collegamenti con la religione, il mito, la letteratura, la filosofia, per non parlare dei vantaggi che il ballo procura per l'aspetto fisico dal momento che è prima di tutto un esercizio sportivo, che dona vigore, ma pure eleganza alle membra:

> La vera natura di ogni danza, come ho detto, è la storia antica, di cui il danzatore deve ricordarsi agevolmente gli episodi e renderli con grazia. Bisogna, dunque, che egli conosca perfettamente tutto quello che è successo dopo il caos e la nascita del mondo, sino a Cleopatra regina d'Egitto.
>
> (Luciano di Samosata, *La danza*, 37-41, trad. nostra)

Luciano menziona svariate tipologie di danza per occasioni e finalità diverse, alcune delle quali richiedevano una preparazione atletica notevole, come l'*oklasma*, ballo acrobatico di origine persiana.
Il ballo ebbe anche connotazione terapeutica: erano note la danze orgiastiche dei Coribanti, seguaci di Cibele, che in certi contesti e modalità aiutavano persone affette da disturbi psicosomatici (ad esempio forme di isteria) a liberarsene, mediante musiche molto ritmate e coinvolgenti.

Vaso attico a figure rosse proveniente dalla Campania, raffigurante due donne acrobate, 330-310 a.C., Los Angeles, County Museum of Art.

Un momento di uno spettacolo della compagnia contemporanea di danzatori-acrobati Momix.

Nati per danzare

Nel mondo greco si veniva formati alla danza fin da ragazzi: il ballo era considerato per gli uomini un ottimo esercizio fisico, preparatorio alla vita militare, tale da favorire la cooperazione di gruppo. Anche i più illustri personaggi della storia greca curavano questo esercizio, anzi, chi non lo praticava e non sapeva neppure suonare uno strumento era considerato decisamente rozzo.
Le donne invece, quelle per bene, non ballavano: potevano farlo solo le professioniste, per intrattenere gli uomini. Solo in due località era consentito anche alle ragazze "serie" danzare: Sparta e l'isola di Lesbo. A Sparta, per ragioni molto concrete, le donne praticavano sport e danza: si riteneva che corpi allenati sopportassero meglio le gravidanze e garantissero figli più sani. A Lesbo si ha notizia, per l'età arcaica (VII-VI secolo a.C.), di apposite scuole femminili, dette *tiasi*, in cui si insegnavano alle adolescenti, tra l'altro, tecniche di seduzione, compresi i passi di danza, anzi spesso si organizzavano delle vere e proprie competizioni di ballo.

Antichi & Moderni

1. Svolgi una ricerca sulla tragedia *Le Baccanti*, di Euripide. Individua i personaggi, dando per ciascuno una breve definizione del ruolo; poi sintetizza i tre episodi che compongono la tragedia, mettendo in evidenza le parti in cui emerge il lato miracoloso e benefico dei riti dionisiaci, e le parti in cui, invece, subentra il "lato oscuro", violento e letale, dei riti stessi.
2. L'effetto terapeutico della danza è documentato anche da testi medievali e da tradizioni che tutt'oggi sopravvivono, come il ballo della taranta (ragno velenoso) in Puglia, o i balli dell'argia in Sardegna. In quale relazione si pongono i moderni corsi di danzaterapia e di biodanza con le tradizioni più antiche? Discuti l'argomento per iscritto.
3. Rifletti sulla differenza tra dionisiaco e apollineo: quali forme di ballo moderno potrebbero rientrare nella prima categoria, e quali nella seconda? Argomenta la tua ipotesi.

Ballare nell'antica Roma

A Roma la danza si diffuse come moda importata dalla Grecia, ma solo per donne e ragazzini. Per un uomo serio ballare era disdicevole: chiamare qualcuno *cinaedus*, ballerino, risultava infatti un'offesa grave. E comunque anche le donne dovevano limitarsi ai passi essenziali.
A Roma esistevano comunque diverse e affollate scuole di ballo, che erano però frequentate quasi esclusivamente da preadolescenti di ambo i sessi; i pochi adulti presenti non erano persone "serie": effemminati, vanesi, esibizionisti. Del resto tali scuole non avevano buona reputazione e anche personaggi di mentalità aperta consideravano poco opportuna questa pratica.
Una volta Scipione Emiliano (II secolo a.C.), notoriamente disponibile alle novità culturali, volle recarsi in uno di questi locali e ne riportò una pessima impressione:

> Sono indecenti forme di esibizione quelle che i nostri giovani si fanno insegnare. Vanno nelle scuole degli istrioni in compagnia di ballerini spudorati [...], sono cose che i nostri antenati considerarono sempre disonorevoli per i giovani di nascita libera; sì, giovinette e fanciulli vanno nelle scuole di danza in mezzo ai ballerini. L'avevo sentito dire da tanti, ma non ci credevo, non volevo credere che uomini nobili facessero dare ai loro figli un insegnamento di quel genere. Ebbene: mi condussero in una di queste scuole di danza; vi vidi, sicuro, più di cinquecento tra ragazzi e ragazze; e vidi pure il figlio di un tale che aspira al consolato, era un giovinetto che non poteva avere meno di 12 anni; [...] danzava accompagnandosi con le nacchere; neanche uno schiavo impudico potrebbe danzare in quel modo, senza sconvenienza.
>
> (Macrobio, *Saturnalia* III, 14, 7, in U.E. Paoli, *Vita Romana*, Le Monnier, Firenze 1972, p. 544)

Insomma, la diversità di opinioni con i Greci è netta. Agli occhi dei tradizionalisti romani era già insopportabile avere a che fare con danzatori e ballerine di professione, figurarsi mandare da loro i figli di notabili: certi passi insegnati nelle scuole erano riservati ai professionisti e solo in certe occasioni. Questa diffidenza dei romani sarà poi ereditata e accentuata dal cristianesimo e bisognerà attendere epoche più recenti per liberare il ballo da pregiudizi.

Abbasso la danza ma viva la danza

Ma proprio i romani, così arcigni verso la danza, mostravano di gradire molto la presenza di ballerini e mimi ai banchetti, per allietare i convitati. In particolare, erano richiestissime le procaci e prosperose ballerine di Gades (odierna Cadice, in Spagna) perché raggiungevano bene lo scopo del loro spettacolo: eccitare i convitati. Le fonti antiche concordano nel descrivere la loro abilità a muovere il corpo in modo tale da risultare irresistibili. Marziale (I sec. d.C.) sottolinea più volte l'effetto garantito di queste ballerine: ad esempio, invitando un amico a cena lo avvisa subito che non gli farà trovare

> ragazze dalla lasciva Cadice che muoveranno eccitanti, senza posa, i glutei sensuali con tremito flessuoso
>
> (Marziale, *Epigrammi* V, 78, 26, trad. nostra)

In un altro epigramma, parlando di una certa Teletusa, ex-ballerina gaditana, ora amante di un riccone, dice

> Tanto abile ad assumere pose lascive al suono delle nacchere spagnole e a giocare ai ritmi gaditani, che poteva eccitare il tremante Pelia e il marito di Ecuba [...], ora brucia e tormenta il suo precedente padrone: la vendette come schiava, adesso la riprende come amante.
>
> (Marziale, *Epigrammi* V, 71, 2, trad. nostra)

Quelle delle gaditane, dunque, erano ben più che semplici esibizioni di bravura tecnica: il confine tra prestazione artistica ed erotica era, come è facile intuire, molto labile.

La pantomima

Una variante della danza molto in voga nel mondo antico era la pantomima, una rappresentazione teatrale con accompagnamento musicale, che sfruttava gesti e movenze dei ballerini-mimi. Il già citato Luciano di Samosata attribuisce a questo genere di danza un valore particolare:

Mosaico romano del I secolo d.C. raffigurante attori e mimi, Napoli, Museo Archeologico Nazionale.

Marcel Marceau, il più grande mimo del XX secolo.

> Il principale scopo [...] è imitare, mostrare, riprodurre all'esterno i pensieri e annunziare chiaramente ciò che è oscuro.
>
> (Luciano, *La danza*, 36, trad. nostra)

Spesso l'interpretazione dei ballerini-attori era così efficace che i loro gesti rendevano superflua la comprensione del canto. Quintiliano, autore latino del I secolo a.C., descrive in questi termini gli "strumenti" dei mimi:

> Con difficoltà si può dire quanti movimenti hanno le mani; e se le altre parti del corpo aiutano chi parla, queste, oserei dire, parlano da sole. Forse non le usiamo per chiamare, promettere, congedare, minacciare, supplicare, temere, interrogare, negare, gioire, dubitare, ammettere, pentirsi, misurare, numerare, segnare il tempo?
> Forse non eccitano, trattengono, approvano, esprimono ammirazione, pudore? Non sostituiscono avverbi e pronomi nell'indicare luoghi e persone? Cosicché in tanta diversità di lingue e popoli, questo mi sembra il linguaggio comune di tutti gli uomini.
>
> (*Institutio oratoria* XI, 3, 87, trad. nostra)

La capacità di "parlare" attribuita alle mani ricorre in un aneddoto di Luciano: al tempo di Nerone, un principe semibarbaro dell'Oriente giunse a Roma con delle richieste per il sovrano, e assistette all'esibizione di un ballerino-cantante; non capì molto delle parole, ma da gesti e movenze intuì alla perfezione ogni cosa. Al momento del congedo, Nerone lo esortò a chiedergli quello che voleva e il principe gli chiese il ballerino. "Che te ne farai?" domandò incuriosito l'imperatore, e il principe gli rispose: "Dalle mie parti gli interpreti non ci sono e se avrò bisogno di parlare con i barbari al confine, con lui mi farò intendere senza problemi".

L'energia, la poesia e la solitudine della discoteca oggi

Anche oggi nel ballo più scatenato si può riscontrare la manifestazione di un bisogno di evasione, di esperienza dell'io profondo, di autenticità, simile a quello riscontrato nei rituali bacchici dell'antichità. I moderni riti dionisiaci si celebrano in luoghi particolari, le discoteche: chi vi si reca sa di trovare in quel luogo l'atmosfera propizia di cui ha bisogno per il suo entusiasmo, per conoscere le sue potenzialità e stare con gli altri.
Nelle parole di uno scrittore contemporaneo, Flavio Soriga, si possono riconoscere, condensate, molte emozioni dionisiache che pervadono i frequentatori di discoteche:

> In queste notti ci sono energia e poesia. Stai pensando che questo non c'entra niente, ma sì invece. Tu parti dalla visione della folla, ma guardati intorno: non si viene qui, in questa bolgia di sudore e sfioramenti, non si viene qui per stare insieme, ma per vagare da soli. In perfetta solitudine. Ognuno è soltanto sé stesso e quello che gli arriva dentro. E non c'è bisogno di far niente perché qualcosa arrivi: è l'onda, è la potenza, è l'energia, ognuno è qui da solo con la forza che sa prendere. E solo dopo ci sono gli altri, bellissimi e deformati, algidi e sconvolti, farfalline, angeli [...]
>
> (F. Soriga, *10.000 watt per restare soli*, in "L'Espresso", 7 aprile 2011)

Il passo rende un'idea dell'atmosfera sovraccarica di energia e di eccitazione dentro un locale, ma segnala anche un aspetto ambiguo, che si tende a eludere, anche se ovviamente non sempre è presente: la solitudine dei partecipanti, l'inautenticità dei rapporti "fuori", che si vuol compensare in qualche modo, qui, nel locale, immergendosi, letteralmente, nella folla accaldata, sudata, per vivere l'ebbrezza di un contatto che appaghi un desiderio; nelle ore trascorse a muoversi, a bere, con quella musica che fa vibrare anche gli organi interni, ci si sente attraversati dall'energia, ma a volte con la nascosta insoddisfazione di "quelle parole che non si sanno dire".

Ballare e sballare

Giovani in discoteca.

In definitiva, il ballo in discoteca è quindi una versione moderna del dionisismo: questo aspetto è stato teorizzato esplicitamente negli anni Ottanta e Novanta del secolo scorso dai creatori della *techno music*, che presto si diversificò in sottogeneri, dei quali il più noto, il *rave* (in inglese, "farneticare"), viene definito come "la ricerca sistematica di una via di uscita dalla quotidianità tramite la trance". Un organizzatore di *rave party* degli anni '80 affermò: "Le nostre feste saranno sacre e dionisiache, al di là di tutte le religioni". C'è chi ha definito i seguaci del genere "adepti dello sballo".
Il bisogno di divertirsi, che si concretizza nel ballo, porta talora ad andare oltre i limiti; e allora si va a ballare per sballare, per percepire l'ebbrezza di sentirsi carichi, invulnerabili e pronti a ogni sfida, il che talvolta porta ad abusare dell'alcol o ad assumere sostanze stupefacenti. «Nessuno se non è ubriaco si mette a ballare», diceva già Cicerone nel I secolo a.C. (*Pro Murena*, 6, 13).
Farsi trascinare dalla musica e dalla danza consente di vivere una dimensione collettiva di condivisione, ma anche di esplorare la propria identità e i propri limiti: il ritmo incalzante apre in noi la via alle forze più profonde, agli istinti primordiali, che possono regalare oblio, abbandono o anche scatenare pulsioni distruttive. Non a caso un autore cristiano del V secolo d.C., Giovanni Crisostomo, a proposito del ballo scriveva che "Ubi saltatio, ibi diabolus", "dove c'è la danza, lì c'è il diavolo", cioè la tentazione, il peccato. Eppure nella Bibbia (2, Samuele, 6,14) si dice che "Davide danzava con entusiasmo al cospetto del Signore", per celebrare il trasferimento dell'Arca a Gerusalemme: siamo di nuovo di fronte ai due volti della danza, espressione del divino ed emersione dell'oscuro che coabitano in ciascuno di noi.

Antichi & Moderni

1. Tra i detrattori romani della danza vi è anche il poeta Giovenale (I-II secolo d.C.), il quale scrive, a proposito delle ballerine di Cadice:

   donne sposate accanto al marito che se ne sta sdraiato assistono a questo tipo di spettacolo, che qualcuno si vergognerebbe di raccontare in loro presenza... Non accoglie e non riesce a contenere questo tipo di divertimenti una casa di condizioni modeste"

   (Giovenale, *Satira XI*, vv. 165-173, trad. di G. Viansino, Mondadori, Milano 1997)

   Per quale motivo, secondo te, i romani disapprovavano fortemente la danza? Ipotizza una risposta utilizzando le tue conoscenze della cultura romana, in particolare dell'epoca repubblicana.
2. "Il mimo è il testimone silenzioso della vita di un uomo. Questa arte tocca le coscienze del mondo intero senza distinzioni di lingua, di razza e di colore e permette di stabilire un'unione vera tra tutti gli individui del mondo": è questo il testamento spirituale di Marcel Marceau, indimenticabile mimo francese scomparso nel 2007. Condividi la sua affermazione? Perché? Argomenta svolgendo, preventivamente, una breve ricerca sulla figura e sull'arte di Marceau.
3. Pensi anche tu che in discoteca coabitino "energia, poesia e solitudine"? Rifletti sull'argomento anche alla luce delle tue esperienze personali.
4. Sfrenatezza ed equilibrio, divino e oscuro: davvero nella danza gli estremi si incontrano? Discutine con i compagni e con l'insegnante.

2. La potenza del canto

La voce più antica

Quando parliamo di poesia greca, bisogna pensare che i testi – che oggi leggiamo o al più recitiamo – erano parole di canzoni. La poesia e i copioni teatrali erano infatti cantati in pubblico con accompagnamento strumentale, con gli effetti di coinvolgimento emotivo che già conosciamo: persino Ulisse, ascoltando il canto di Demodoco, si commosse fino a piangere

> Venne l'araldo, guidando il valente cantore.
> Molto la Musa lo amò, e gli diede il bene e il male:
> gli tolse gli occhi, ma il dolce canto gli diede. [...]
> Questi fatti il cantore famoso cantava: e Odisseo,
> con le forti mani afferrato il gran manto purpureo,
> se lo tirò sulla testa, nascose i bei tratti del viso:
> si vergognava di spargere lacrime dalle ciglia davanti ai Feaci.
> Quando il cantore divino smetteva il suo canto,
> toglieva il mantello dal capo, dopo essersi asciugate le lacrime,
> e alzata la coppa a due anse beveva agli dei;
> quando cominciava di nuovo e i nobili Feaci
> l'incitavano al canto, perché ai suoi racconti gioivano,
> Odisseo singhiozzava di nuovo, dopo essersi coperta la testa.
> E a tutti gli altri sfuggì che piangeva;
> solo Alcinoo lo notò e se ne accorse,
> sedendo al suo fianco: l'udì gemere cupamente.
>
> (*Odissea* VIII, 62-63, 83-95, trad. di G. Privitera)

Il canto di Orfeo

Eppure, la potenza psicagogica del canto non valse al mitico cantore Orfeo a restituirgli il suo grande amore, anzi fu per lui anche causa di morte.
Orfeo, sceso negli Inferi per tentare di riprendere la sua amatissima Euridice, morta prematuramente per il morso di un serpente, rivolge una preghiera e un canto appassionati agli dei: egli chiede clemenza in nome di quell'amore che lega Plutone a Proserpina, da lui rapita e fatta sposa; implora la temporanea restituzione di Euridice, finché il destino naturale della vita si compirà; in caso di rifiuto, è pronto a morire. A tale canto persino le Furie, creature orrende e spietate, si commuovono

> [Orfeo] tra folle irreali, tra fantasmi di defunti onorati, giunse
> alla presenza di Persefone e del signore che regge
> lo squallido regno dei morti. Intonando al canto le corde
> della lira, così disse: "O dèi, che vivete nel mondo degli inferi,
> dove noi tutti, esseri mortali, dobbiamo finire,
> se è lecito e consentite che dica il vero, senza i sotterfugi
> di un parlare ambiguo, io qui non sono sceso per visitare
> le tenebre del Tartaro o per stringere le tre gole,
> irte di serpenti, del mostro che discende da Medusa.
> Causa del viaggio è mia moglie: una vipera, che aveva calpestato,
> in corpo le iniettò un veleno, che la vita in fiore le ha reciso.
> Avrei voluto poter sopportare e non nego di aver tentato:
> ha vinto Amore! Lassù, sulla terra, è un dio ben noto questo;
> se lo sia anche qui, non so, ma almeno io lo spero:
> se non è inventata la novella di quell'antico rapimento,
> anche voi foste uniti da Amore. Per questi luoghi paurosi,
> per questo immane abisso, per i silenzi di questo immenso regno,
> vi prego, ritessete il destino anzitempo infranto di Euridice!
> Tutto vi dobbiamo, e dopo un breve soggiorno in terra,

presto o tardi tutti precipitiamo in quest'unico luogo.
Qui tutti noi siamo diretti; questa è l'ultima dimora e qui
sugli esseri umani il vostro dominio non avrà mai fine.
Anche Euridice sarà vostra, quando sino in fondo avrà compiuto
il tempo che le spetta: in pegno ve la chiedo, non in dono.
Se poi per lei tale grazia mi nega il Fato, questo è certo:
io non me ne andrò: della morte di entrambi godrete!".
Mentre così si esprimeva, accompagnato dal suono della lira,
le anime esangui piangevano; [...]
Si dice che alla Furie, commosse dal canto per la prima volta
si bagnassero allora di lacrime le guance. Né ebbero cuore,
regina e re degli abissi, di opporre un rifiuto alla sua preghiera,
e chiamarono Euridice.

(Ovidio, *Metamorfosi* X, 14-43; 45-48, trad. di M. Ramous, Milano, Garzanti 1995)

Orfeo che incanta gli animali, mosaico del III secolo, Istanbul, Museo Archeologico.

Il canto di Orfeo è stato efficace: ha commosso, ha indotto alla misericordia esseri per definizione inesorabili. Essi gli consentono di riprendere con sé la sua donna a patto che durante il tragitto per tornare nel mondo dei vivi non si volti mai indietro. Ma, giunto a pochi passi dall'uscita degli Inferi, Orfeo non resiste e si gira verso la sua amata, violando il patto e perdendola per sempre. Il cantore vaga sconsolato per mesi sfogando il suo dolore con versi tristissimi, a cui anche le creature della natura si commuovono, finché giunge tra i Ciconi di Tracia, le cui donne celebrano i riti di Diòniso. Esse lo invitano, gli offrono l'amore e i loro corpi: ma lui rifiuta, troppo preso dal suo dolore. Allora le donne si vendicano e durante le cerimonie lo sbranano; la sua testa finisce in mare, trasportata dalle onde fino all'isola di Lesbo, patria di grandi poeti.

I nuovi Orfeo

Chi partecipa a un concerto vive un evento intenso: ha già sentito gran parte delle canzoni dei suoi idoli, eppure non manca l'appuntamento; la presenza carismatica del personaggio, l'atmosfera, la folla invasata hanno effetti contagiosi

Chitarre elettriche affilate come rasoi. Urla, basso e batteria strazianti come pulsazioni di cuore di un uomo che corre. Lui e gli altri storditi nell'estasi percussiva. [...]
Lo scuotersi di corpi e membra era fuori tempo. Qualche spallata troppo forte lo sballottò verso uno degli amplificatori, e lo aggredì il delirio assordante di note crude e incalzanti. Il ragazzo ebbe quasi voglia di spingere la faccia contro la sorgente di quei suoni, per lasciarsi spazzare via dalla musica, una volta per tutte. [...]
Il ragazzo si scordò di quell'idea e continuò a seguire il ritmo generale, ballando, sudando, gridando le parole della canzone che ricordava e improvvisando quelle che aveva dimenticato. Intravide l'agitarsi del braccio di uno dei suoi amici, sulla riva opposta della laguna di corpi e suoni in cui erano immersi, e ricambiò il saluto senza smettere di ballare. Non aveva idea di dove si fossero cacciati gli altri, ma la preoccupazione nemmeno lo sfiorava, spinta fuori dalla sua testa da tutta quella musica che picchiava, ringhiava, ululava, strepitava come un demone artificiale evocato dalla band che si dimenava sul palco.

> Stregoni elettrici, pensò e scoppiò in una risata innaturale dritto nell'orecchio di un ragazzo davanti a lui, così forte che quello si voltò a guardarlo perplesso per un secondo e divertito il secondo dopo, e si unì alla sua risata.
> Stregoni elettrici, che bell'idea, che idea micidiale.
> (M. Curtoni, *Treccine bionde*, in *Gioventù cannibale*, Einaudi, Torino 1996)

Lo stregone è per definizione l'artefice di incantamenti, magie, evocazioni di demoni; così sono percepiti dalla mente del protagonista i membri della band: lo hanno ipnotizzato, usando suggestione, fragore della musica, parole urlate.
Possiamo immaginare allora l'effetto moltiplicativo che hanno su masse immense i grandi miti della musica:

> M. Jagger, M. Jackson, Madonna...: una musica, una voce, dei versi. Migliaia di giovani ad ascoltarli, incantati. Il pubblico è completamente in loro potere [...], si ha l'impressione che potrebbero ottenere tutto, forse anche trascinare, insieme agli animi, le pietre, gli alberi, le case.
> (C. Caffi, E. Corbellini, M. Porro, *Figure*, Loescher, Torino 1993, p. 247)

Mick Jagger, icona della musica rock contemporanea.

Trascinati e commossi, ma non sempre

Qualsiasi performance artistica può avere effetti psicologici sul pubblico, ma dipende dalla bravura di chi si esibisce, dall'allestimento, dalle musiche. Succede a volte che gli spettatori non siano conquistati e allora al posto dell'applauso, dell'ammirazione, possono arrivare fischi e sberleffi. Ci sono teatri storici, in Italia e all'estero, che ospitano un pubblico severo e impietoso, come La Scala di Milano, i cui spettatori più esigenti non esitano a manifestare a scena aperta il loro apprezzamento o il dissenso, in modo anche piuttosto sonoro, tanto che persino artisti affermati rinunciano a spettacoli già programmati per timore delle contestazioni.
Nel mondo antico non andava molto diversamente. Già nell'Atene del V secolo a.C. il pubblico in teatro rumoreggiava di fronte a esibizioni non all'altezza; a Roma, il debutto della commedia *Hecyra* ("La suocera"), di Terenzio, autore del II secolo a.C., fu un fiasco clamoroso: quando si sparse la voce che nelle vicinanze era arrivata una compagnia di saltimbanchi, il pubblico abbandonò in massa il teatro a metà dell'opera.
Luciano di Samosata ricorda che agli spettacoli assisteva un pubblico competente; e la competenza si vedeva ai numerosi festival di musica, danza e canto che si tenevano in Grecia e a Roma; e in taluni casi gli spettatori erano molto severi, come lo erano gli abitanti di Antiochia, in Siria, che acquisirono fama di giudici attenti e mordaci. A loro si attribuivano, infatti, varie battute, riportate dallo scrittore. Una volta si presentò sul palco un danzatore assai piccolo, per recitare la parte di Ettore, e gli spettatori gli gridarono: "Ma tu sei Astianatte [il figlio di Ettore], dov'è tuo padre?". In altra circostanza entrò in scena un danzatore di spropositata altezza per recitare Capaneo (un personaggio mitico intento all'assedio di una città) e i presenti gli urlarono: "Scavalca

le mura, non hai bisogno della scala". Ancora, si presentò per la recita un tipo corpulento e decisamente sovrappeso, e quando iniziò a saltare, gli antiocheni gli strillarono "Fermati, per carità! Vuoi demolire il palco?" (Luciano di Samosata, *La danza*, 76).

In battaglia a suon di musica

La musica è stata piegata anche a usi militari: dall'antichità a oggi, i momenti decisivi della vita dei soldati sono stati scanditi, in caserma e sui campi di battaglia, da due strumenti musicali, il tamburo e la tromba.

Un racconto tramandato da Pausania (II secolo d.C.) ci dà un'idea della forza di spinta di musica e versi. Lo scrittore narra che gli Spartani, in difficoltà durante la guerra con i vicini Messeni (VII secolo a.C.), chiesero ad Atene un valente generale, ma gli Ateniesi, in segno di beffa, spedirono loro un maestro di scuola, per di più zoppo, di nome Tirteo. Ma Tirteo si rivelò anche meglio di un generale: con i suoi canti patriottici e le sue marce militari, rinvigorì a tal punto il morale dei soldati da condurli alla vittoria:

> Per questa terra combattiamo e per i figli
> moriamo, senza risparmiare le vite [...]
> Giovani, combattete rimanendo vicini l'un l'altro
> non date inizio a una vile fuga e al panico,
> rendete forte e intrepido il cuore nel petto,
> non siate attaccati alla vita scontrandovi con i nemici,
> non fuggite, abbandonando i più vecchi,
> dei quali più non sono salde le ginocchia.
> Ognuno resista a gambe larghe sui piedi
> attaccato alla terra, morda le labbra con i denti.
> (Tirteo, *Frammento* 10, trad. nostra)

Il testo raccomanda di stare uniti per non rompere lo schieramento, fatto che poteva significare la sconfitta, e fa appello al coraggio, al sacrificio per i figli. Tirteo fu il primo a strutturare le parole in canto, e soprattutto a creare la musica adatta per accompagnarle: è l'unione tra parole e musica che può dare vigore anche a un testo ordinario.

Da allora gli Spartani andarono in battaglia a suon di musica e canti, per tenere il ritmo di marcia e darsi coraggio, una consuetudine ereditata da allora in poi da tutti gli eserciti antichi e moderni: fino a tutto l'Ottocento, infatti, gli eserciti europei si sono affrontati con l'accompagnamento di marce militari, scandite su semplici ritmi binari, per infondere coraggio o segnare il passo; nel Novecento, le varie dittature apparse in Europa fecero uso di marce e canzoni militaresche per la loro propaganda e l'indottrinamento della popolazione; ancora oggi, in ogni esercito organizzato, esiste una banda militare.

Antichi & Moderni

1. Accanto alla danza, non minore potenza psicagogica ha il canto, che unisce la spinta prorompente della musica con la seduzione delle parole. Il panorama contemporaneo offre una straordinaria ricchezza di generi in grado di soddisfare le più svariate esigenze, da quelle consumistiche "facili" a quelle colte, dalla dimensione privata, singola, a quella collettiva: fai un esempio per ciascuna di queste fruizioni musicali, indicando anche a quale genere va la tua preferenza e perché.
2. Considera i versi dell'Odissea in cui viene descritto Demodoco: "Molto la Musa lo amò, e gli diede il bene e il male: / gli tolse gli occhi, ma il dolce canto gli diede": quale altro celebre cantore greco aveva ricevuto "il bene e il male"? Quale legame simbolico viene così istituito tra cecità e canto, e per estensione tra cecità e poesia?
3. Nel mito di Orfeo, magico cantore, tornano i riti dionisiaci: in quale modo essi sono funzionali alla conclusione della sua vicenda?
4. L'immaginario comune è sempre colpito, grazie anche all'amplificazione massmediatica, dalla presenza di folle strabocchevoli in mega-concerti di qualche star, la cui presenza sul palco, sapientemente calibrata da una regia studiata, entusiasma i fan, magari arrivati da lontano per vivere quell'emozione. Hai vissuto anche tu un'esperienza di questo genere? In quale occasione? Racconta, esprimendo soprattutto la tua "risonanza emotiva".

Attività

Lessico

1. Nella prima lista trovi parole greche legate alla danza con il significato originario; nella seconda lista le parole italiane derivate: abbinale correttamente.

Parole greche		Parole italiane derivate
a. *Chorèia*	"danza"	1. Coreografia
b. *Chòros*	relativo alla danza	2. Coreico
c. *Deloùn*	"mostrare"	
d. *Harmòzo*	"unire, congiungere"	3. Armonia (con i derivati armonizzare, armonico, armonioso, disarmonico)
e. *Graphein*	"scrivere"	
f. *Lỳra*	"lira", strumento musicale a corde che accompagnava un certo tipo di poesia	4. Lirica
g. *Mèlos*	musica	5. Melodia
h. *Odè*	"canto", composizione di suoni e parole	
i. *Rythmòs*	dalla radice del verbo *rhein*, "scorrere", indica il tempo che scorre secondo una certa cadenza	6. Ritmo (con i derivati ritmico ritmato ritmare)
j. *Psychè*	"anima"	7. Psichedelico
k. *Stròbos*	corpo che gira, in movimento	
l. *Scopèin*	"osservare"	8. Stroboscopico

2. Dal latino classico *cantus* e da quello tardo *ballare* sono "nate" altre parole italiane, facilmente intuibili: scrivile insieme a tutti i derivati che conosci.

....

....

3. Numerose discoteche hanno nomi antichi:

Tenax	"tenace"
Narciso	personaggio mitico innamorato della sua immagine riflessa
Nausicaa	personaggio omerico, graziosa adolescente
Morpheus	dio del sonno
(New) papirus	"(nuovo) papiro"
Orpheus	Orfeo, il mitico cantore
Nepentha	per gli antichi era una pianta "che toglie il dolore"

Quale legame individui tra tali nomi e il tipo di locale? Motiva la risposta sulla base delle tue conoscenze e di quelle acquisite in queste letture.

....

....

Approfondimento

4. Nella foto vediamo i tipici *Dervisci*, asceti di una corrente della religione islamica, che usano la danza per avvicinarsi a Dio. Svolgi una ricerca in proposito e rispondi alle domande.

a) Che cosa significa la parola "derviscio"?

....

....

....

b) Quali caratteristiche possiede questo tipo di danza?

....

....

....

c) Dove si esegue?

....

....

5. Ne *La congiura di Catilina* lo storico Sallustio (I secolo a.C.) descrive una donna dell'aristocrazia che "suonava la cetra e danzava con più raffinatezza di quanto si addicesse a una donna perbene".

a) Ti sembra un commento in sintonia con la mentalità romana?

....

....

....

b) Un greco avrebbe condiviso queste parole?

....

....

....

6. Nell'opera già citata *La danza*, Luciano racconta di un ballerino che recitava la parte di Aiace, eroe omerico impazzito e morto suicida. Il giovane si calò a tal punto nella situazione da perdere il controllo di sé: cominciò a dimenarsi sul palcoscenico, spaccò il flauto sulla testa di un attore e lacerò il costume di scena suo e di un altro coreuta. Intanto il popolo applaudiva e si esaltava, mentre i notabili ammutolivano imbarazzati. Quando il ballerino rientrò in sé, si pentì e non volle mai più recitare quel personaggio.

a) Quali indicazioni ci fornisce l'aneddoto di Luciano circa l'invasamento, l'*enthousiasmòs*, di attore e pubblico?

....

....

....

b) Perché una parte degli spettatori si esalta e un'altra si imbarazza?

....

....

....

7. Nella lettura hai incontrato il nome "argia", che indica un ragno velenoso i cui morsi rendono isterica la vittima ma anche un antico ballo popolare sardo. Svolgi una ricerca su tale ballo, soffermandoti in particolare sulle sue supposte virtù terapeutiche.

U8

contenuto integrativo

La cura del corpo

La storia della corporeità nella cultura occidentale ha visto un alternarsi di atteggiamenti, spesso in antitesi tra loro: basti pensare al contrasto tra la cultura medievale, che demonizzava il corpo considerandolo prigione dell'anima e fonte di ogni peccato, e la successiva cultura rinascimentale, che valorizzava invece la dimensione corporea ponendola al centro della propria riflessione sul rapporto tra l'uomo e la realtà che lo circonda.

E oggi? Basta guardarsi intorno per comprendere come l'immagine del corpo occupi un posto centrale nel mondo contemporaneo, in particolare nella sua forma giovane, agile e prestante: una tendenza, questa, che non è esente da contraddizioni ed estremismi – dall'ossessione per la dieta alimentare al rifiuto del corpo malato, vecchio o sofferente.

In ciascuna di queste oscillazioni il mondo classico ha rappresentato e rappresenta un punto di riferimento da cui prendere le distanze o da imitare: l'uso dei cosmetici, la costruzione di un corpo perfetto, il rapporto con il cibo, l'esibizione della nudità, sono solo alcuni aspetti che ci inducono a considerare come il tempo presente non sia, per alcuni aspetti, così lontano dall'antichità.

In questo percorso prenderemo in esame esempi di prossimità tra antico e contemporaneo, senza tuttavia dimenticare alcune significative discontinuità.

1. Il rapporto con la corporeità

Bello e buono: il modello greco

Che i Greci fossero dei cultori dell'esercizio fisico è un dato di fatto acquisito: neanche nella più modesta delle città poteva mancare il ginnasio pubblico (da *gymnòs*, "nudo"), che oggi definiremmo un impianto polisportivo, dove si praticavano varie discipline, a partire dalla lotta nella palestra, l'edificio centrale del ginnasio:

> C'è chi esercita il corpo nella palestra del prato,
> e si misura in giochi, o lotta sulla bionda rena...

I ragazzi gareggiavano nudi e cosparsi di olio:

> Nudi e spalmati d'olio, i giovani si misurano in gare
> patriottiche, ben lieti d'aver evitato tante città
> argive, e d'essersi aperta la fuga in mezzo ai nemici.
>
> (Virgilio, *Eneide* III, 280; VI, 642, trad. di V. Sermonti)

La nudità atletica serviva al tempo stesso a esaltare la bellezza dei corpi e costituiva un modello da imitare. La corporeità perfetta non era pertanto solo un'idealizzazione artistica: l'allenamento che si praticava fin da piccoli aveva un significato più profondo e formativo: l'individuo, nella concezione antica, doveva essere *kalòs kai agathòs,* cioè "bello e buono", ossia virtuoso nell'animo e con un corpo armonioso e curato, che riflettesse la bellezza interiore. La perfezione raggiunta trovava poi nell'*agòn,* la gara (sportiva o bellica), la sua prova decisiva.

La salute viene dall'acqua: il modello latino

Se i Greci avevano i ginnasi, i Romani avevano le terme, soprattutto dall'età imperiale, ovvero edifici sontuosi che offrivano al visitatore di tutto, dall'attività ginnica ai percorsi salutistici. Si trattava di luoghi affollati, sovente rumorosi, di cui Seneca lascia una testimonianza interessante, ma piuttosto critica

> Ecco, risuonano intorno a me da ogni lato grida e rumori svariati: abito proprio sopra uno stabilimento termale. Orbene, immaginati voci di ogni genere che possono rendermi odiose le mie stesse orecchie: quando gli atleti più robusti eseguono i loro esercizi e slanciano in ogni direzione le mani cariche di manubri di piombo, quando sono sotto sforzo o fingono di esserlo, li sento gemere, e ogni qual volta lasciano andare il respiro che hanno trattenuto, allora si odono sibili e respirazioni sgradevolmente affannate.
> Quando mi imbatto in qualche buono a nulla, uno che si accontenta di una volgare frizione, sento lo sfrigolio della mano che percuote le spalle, e il suono varia a seconda che arrivi di piatto o con il pugno chiuso. Ma se sopraggiunge un appassionato del gioco della palla e comincia a contare i punti, siamo fritti.
> Aggiungi il bullo litigioso e il ladro colto in flagrante, e quello che si compiace della sua voce mentre fa il bagno; mettici quelli che si tuffano nella piscina con il rumore infernale prodotto dall'urto dell'acqua.
> Oltre a codesta gente che, se non altro, ha voci normali, pensa all'uomo che per mestiere depila le ascelle e che emette continuamente una voce sottile e stridula per farsi meglio notare e che non tace mai, se non quando spilucca le ascelle e fa gridare un altro al suo posto.
> Ed eccoti ancora le varie grida del venditore di bibite e il salsicciaio e il pasticciere e tutta quella gamma di imbonitori da osteria che con una caratteristica modulazione di voce offrono in vendita la propria merce.
>
> (Seneca, *Lettere a Lucilio* 56, 1-3, trad. di F. Solinas, Mondadori, Milano 1995)

Il passo di Seneca, che probabilmente esagera polemicamente alcuni aspetti di vita quotidiana alle terme, ci consente di conoscere le attività tipiche dello stabilimento termale: ginnastica con attrezzi, massaggi, depilazione, ristoro e, soprattutto, bagni, secondo il celebre motto *Salus Per Acquam*, "la salute attraverso l'acqua", da cui l'acronimo SPA.
Ciò che non emerge da questo documento, ma che è accertato, è l'abbigliamento dei frequentatori delle terme, o meglio, il non abbigliamento: i romani, infatti, vi si aggiravano nudi. All'ingresso delle terme c'era lo spogliatoio dove i clienti lasciavano i loro vestiti: a seconda che il cliente fosse ricco o povero – perché alle terme ci andavano proprio tutti – veniva lasciato uno schiavo a custodire le vesti e gli accessori. Chi non voleva fare il bagno poteva comunque entrare nello stabilimento anche vestito, tanto per bighellonare, ma ben presto avrebbe cominciato a inzupparsi di sudore negli ambienti molto caldi e umidi.

Antichi & Moderni

1. Secondo i greci, il corpo "perfetto" rifletteva la virtù interiore: trovi che tale "equivalenza" valga anche per i moderni cultori della palestra e dell'efficienza fisica, oppure no? Argomenta la tua risposta in un breve testo scritto, basandoti anche sulle tue esperienze personali.
2. Quali aspetti delle terme attirano gli strali di Seneca? Secondo te, la lettera del filosofo romano è ironica, sarcastica, critica... Motiva la tua risposta.
3. Quali somiglianze hai trovato tra le terme di Seneca e i moderni centri fitness? E quali differenze?

Andare alle terme, oggi

Terme romane di Bath

Terme di Montecatini

Molti edifici termali moderni riprendono forme architettoniche classiche con il chiaro intento di porsi in una sorta di continuità storica con i modelli romani, o di testimoniare l'ininterrotta virtù terapeutica delle acque, o semplicemente per richiamare una tradizione antica "nobilitante" laddove si tratti di un impianto che non sfrutti sorgenti curative naturali.
Entrare in un ambiente termale oggi equivale a intraprendere un cammino per recuperare tono fisico e mentale, ma è anche una sorta di viaggio culturale a ritroso verso le origini antiche, che rivivono sia nel sito stesso, che spesso già in età romana ospitava un impianto termale, sia nei nomi che richiamano l'antico, come terme "Afrodite", idromassaggio "Trionfo di Venere", centro benessere "Kalòs", "Vasca delle Naiadi" e tanti altri. La mitologia, insomma, sembra essere usata come un marchio a garanzia della qualità dei trattamenti, tali da assicurare benessere psico-fisico degno di dèi greci, per definizione perfetti nel corpo e nelle prestazioni.

I bisogni fisiologici

C'è un aspetto della corporeità che oggi, nonostante l'evoluzione dei costumi, resta difficile da affrontare in modo esplicito senza cadere nella trivialità: è la sfera intima delle necessità fisiologiche, su cui si esercita una sorta di censura linguistica; è inopportuno parlarne e, se proprio occorre, si usano allusioni, eufemismi, o al limite la terminologia medica, considerata neutrale, scientifica, non compromettente.
Proprio il lessico medico o allusivo è debitore in larghissima misura della tradizione greco-latina, e qui si coglie un paradosso: si usano termini di origine dotta per parlare con discrezione di argomenti e situazioni che gli antichi esperivano con assoluta naturalezza, discutendone con altrettanta franchezza. La distanza tra noi e gli antichi non potrebbe essere maggiore.

I servizi pubblici romani, non avevano porte, divisori, settori riservati a uomini e donne (ma sul punto non tutti gli studiosi sono d'accordo): il bisogno fisiologico era sentito come un gesto del tutto naturale, come cosa di cui non c'era da vergognarsi; anzi spesso in tali circostanze si socializzava e si discutevano affari. Il tutto rientrava in una differente mentalità verso il corporeo, le cui espressioni, dalla più nobile alla più triviale, erano vissute senza alcun senso di colpa, di peccaminosità, di malizia.

C'è però un risvolto che ci accomuna agli antichi: il riso scatologico (da *skatòs*, in greco, "le feci"), che nasce da situazioni decisamente "basse", ma tali da suscitare una risata. Nei testi del commediografo Aristofane di Atene (V secolo a.C.), ad esempio, non è raro il motivo del personaggio colto all'improvviso da dolori viscerali, che reagisce nel modo più rumorosamente evidente.

Resti delle latrine pubbliche romane a Ostia Antica.

Antichi & Moderni

1. Osserva le foto delle terme di Bath e di Montecatini: riesci a individuare e nominare alcuni elementi tipici dell'architettura classica?

2. Il rapporto con il cibo

Ippocrate, la medicina e la dieta

Secondo Ippocrate, fondatore della scienza medica occidentale, la medicina nasce come dietologia, per una necessità di ordine pratico che avrebbe spinto a distinguere i cibi e a capire che non tutto si poteva mangiare e che le stesse sostanze non giovavano a sani e malati: furono i greci, dunque, a "inventare" la dieta (dal greco *diaita*, "regola di vita"), ossia a considerare l'alimentazione come parte integrante della cura di sé.

> In principio né sarebbe stata scoperta l'arte medica né sarebbe stata ricercata se, per gli uomini, avesse giovato ai pazienti lo stesso regime e l'ingerimento delle stesse sostanze che mangiano e bevono i sani ed il loro restante regime, e se non ve ne fossero state altre migliori di queste.
> Ma ora fu proprio la necessità a far sì che fosse ricercata e scoperta la medicina, perché ai pazienti non giovava l'ingerimento delle stesse sostanze dei sani, come non giova neppure ora. [...]
> Molte e terribili sofferenze essi riportavano da un regime forte e bestiale con l'ingestione di sostanze crude, intemperate e dotate di grandi poteri...
> Spinti allora da questa necessità a me sembra che anche costoro ricercarono un'alimentazione adatta alla loro natura e così scoprirono quella a cui ora facciamo ricorso. [...]
> A questa scoperta e a questa ricerca quale nome più giusto o più adatto si potrebbe porre se non quello di medicina? Perché davvero questa scoperta è stata fatta per la sanità dell'uomo, per la sua salvezza e per la sua alimentazione al posto di quel regime da cui derivavano le pene, le malattie e le morti.
> (Ippocrate, *Sulla medicina antica*, 2, trad. di A. Lami, Rizzoli, Milano 1983)

Per Ippocrate, dunque, la terapia clinica non è altro che la ricomposizione di un equilibrio del corpo, equilibrio garantito appunto dalla dieta, che deve essere commisurata alle esigenze del nostro corpo e basata, in generale, su cereali, olio, verdure, formaggi, pochissima carne, poco pesce: insomma, la celebrata dieta mediterranea, che i nutrizionisti contemporanei hanno riscoperto e rilanciato come la migliore per la salute.

Antichi & Moderni

1. La dieta, nel senso ippocratico di "regola di vita", non è sacrificio, ma oculata selezione dei nutrienti ottimali: secondo te, tale termine ha mantenuto lo stesso significato anche ai giorni nostri, oppure è significativamente mutato?
2. Quali "mode" o fenomeni alimentari di importazione condizionano, secondo te, i nostri regimi alimentari?

Gli eccessi alimentari

Nonostante i principi ippocratici, le tentazioni erano forti anche per gli antichi: cibi più elaborati e abbondanti comparvero presto sulle tavole dei ricchi; in determinate occasioni, i banchetti divennero momento e luogo di eccessi sia per le pietanze, sia per le bevute di vino, tanto che comportamenti alimentari di questo tipo si trovano già descritti nei testi di Ippocrate. Nell'immaginario moderno restano impressi i banchetti dei nobili romani: lunghissimi, sontuosi, esagerati in tutto. Non mancano passi della letteratura latina che hanno immortalato queste consuetudini; ad esempio, la parte a noi pervenuta del romanzo *Satyricon* di Petronio (I secolo d.C.) è occupata quasi interamente dalla descrizione di un'interminabile cena con decine di portate, progettate con cura dall'ospite Trimalchione per stupire i commensali: allestimenti gastronomici degni di uno spettacolo teatrale, cibi esotici e raffinatissimi, posateria di pregio, musica di sottofondo, decine di schiavi impegnati nel servizio...

Busto di Ippocrate, Napoli, Museo Archeologico Nazionale.

> fu messo dinanzi a noi, che eravamo ancora all'antipasto, un gran vassoio con una cesta nella quale si vedeva una gallina di legno con le ali aperte a ventaglio come fanno quando covano. Subito si avvicinano due schiavi, e, sempre a suon di musica – e che stridula musica! – si mettono a frugare nella paglia e tirano fuori delle uova di pavone che distribuiscono ai convitati. A questo colpo di scena, Trimalchione si volge a noi. "Amici miei" dice "sono uova di pavone che ho fatto covare da una gallina. Per Ercole! Ho paura che ci sia già dentro il pulcino. Guardiamo un po' se sono ancora mangiabili". Ci danno allora dei cucchiaini – ma che razza di cucchiaini! pesavano almeno mezza libra[1] – e spezziamo il guscio di quelle uova, fatto di densa farina. Poco mancò che non buttassi via quello che mi era toccato, perché mi sembrava di vederci il pulcino già formato; ma, in quel momento, sento uno pratico di casa che dice: "Ci deve essere qualcosa di buono qui dentro!". Sicché tolsi il guscio con la mano e trovai un beccafico bello grasso che nuotava in un rosso d'uovo pepato.
>
> (Petronio, *Satyricon* 33, 1, trad. di U. Dettore, Rizzoli, Milano 1981)

Seneca, contemporaneo di Petronio, stigmatizzava il comportamento di certi aristocratici che, per il piacere della gola, spendevano fortune in cibi raffinati, esotici o difficili da procurarsi, oppure si comportavano come Trimalchione, il quale tollerava che due suoi massaggiatori versassero a terra un pregiatissimo vino, semplicemente per dire: "È mio quel vino, lo consumino pure alla mia salute" (Petronio, *Satyricon* 28, cit.).

[1] Circa 165 grammi

Antichi & Moderni

1. Esibire abbondanza di pietanze elaborate e costose era, per gli antichi, segno di prestigio sociale e ostentazione di vanità: secondo te, è ancora così? Oppure oggi assistiamo a un fenomeno inverso, che tende a valorizzare, facendone segno di distinzione elitaria, la sobrietà nei comportamenti alimentari? Argomenta una risposta, tenendo conto delle tue conoscenze ed esperienze personali.

2. La tendenza a esagerare nel consumo, o viceversa nella privazione di cibo, si può tradurre in vere e proprie patologie come l'anoressia o la bulimia, di cui sono vittima, in genere, soprattutto i giovani. Che cosa sai di questi errati comportamenti alimentari? Svolgi una piccola ricerca, soffermandoti anche sull'etimologia dei due termini.

3. Il rapporto con l'aspetto

Essere belle, che fatica

Il termine "cosmetica" ha un'origine nobile: in greco *kòsmos* significa "universo", ma indica anche l'"ordine" e l'"armonia" che lo governa e che lo rende bello; il verbo *kosmèo* significa sia "metter(si) in ordine" sia "abbellir(si)". Il desiderio di migliorare il proprio aspetto accomuna ogni epoca, così come ogni epoca ha creato i suoi modelli di bellezza, a cui gli individui hanno sempre cercato di uniformarsi. Da tale punto di vista antichi e moderni sono perfettamente simili e se oggi le ditte sfornano centinaia di prodotti, con i più svariati ingredienti, sul piano dell'inventiva non si può dire che i nostri antenati difettassero di fantasia nell'escogitare rimedi "migliorativi", talora un po' singolari, come si ricava da questo passo di Plinio il Vecchio, erudito del I secolo d.C:

> Si crede che il latte di asina cancelli le rughe sulla pelle e la renda morbida conservandone intatto il candore e si sa che certe donne se ne fanno impacchi sulle guance sette volte al giorno rispettando rigorosamente questo numero. Inaugurò questa moda Poppea, moglie dell'imperatore Nerone, la quale usava questo latte anche per il bagno, e allo scopo si portava sempre dietro mandrie di asine. Il burro spalmato arresta gli sfoghi di acne sul volto, in maniera più energica mescolato con la biacca, puro invece guarisce quelle affezioni cutanee che si propagano, se sopra si applica uno strato di farina d'orzo, così come la placenta di mucca ancora umida cura le ulcere facciali. Potrebbe sembrare una frivolezza questa notizia, tuttavia devo comunicarla venendo incontro al desiderio delle donne: l'astragalo [osso della gamba] di giovenco dal manto candido, bollito per 40 giorni e 40 notti fino a diventare gelatina e spalmato con un panno di lino, rende la pelle candida e liscia. Dicono anche che lo sterco di toro dia un bel colore rosso alle guance.
> (Plinio il Vecchio, *Storia naturale* 28, 183, trad. di U. Capitani, Einaudi, Torino 1986)

Oggi, in edicola e in libreria, abbondano riviste e testi che riportano consigli di bellezza, soprattutto per le donne; ma il primo che abbia scritto in materia è il poeta latino Ovidio, autore del poemetto *Medicamenta faciei feminae* ("Cosmetici per il volto femminile"). Al di là dell'efficacia reale delle sue ricette, il testo ha un certo rilievo perché rappresenta un tentativo di legittimare l'arte cosmetica, che nella pratica era accettata, ma a cui nessuno, nel conservatore ambiente romano, aveva osato conferire dignità teorica. Dello stesso autore possediamo l'*Ars amatoria* in tre libri, raffinata opera in cui, accanto a consigli di tecnica amatoria, si affiancano suggerimenti pratici di cosmetica, come nel seguente passo:

> Raro è però che un volto resti immune
> da qualche menda; occultala con cura,
> e del tuo corpo cela ogni difetto.
> Sei bassa di statura? Stai seduta
> per non sembrare già seduta in piedi.
> Allungati sul letto quanto puoi,
> e ad evitare che ti si misuri

nella breve persona quando giaci,
nascondi i piedi sotto una tua veste.
Se troppo magra, indossa grosse lane,
lascia il mantello sciolto sulle spalle;
dipingiti, se bianca, di rossetto,
se troppo bruna, affidati ai prodigi
del coccodrillo egizio. Fai sparire
piede malfatto in una scarpa bianca;
non disciogliere mai magra caviglia
dai suoi legacci. A scapole puntute
rimedia con sottili cuscinetti;
reggi con fascia un seno troppo stretto.
Fai rari gesti, sempre, quando parli,
se hai mani troppo grasse ed unghie scabre;
se hai l'alito cattivo non parlare
a digiuno e tieniti discosto
sempre il viso dell'uomo. Se i tuoi denti
son neri, o troppo grandi, o maldisposti,
ricordati che il riso ti fa danno.

(Ovidio, *Arte di amare* III, 261-280, trad. di E. Barelli, Rizzoli, Milano 2011)

Non solo per donne

Quanto ai maschi, pochi difetti fisici affliggevano gli uomini romani come la calvizie, per coprire la quale venivano trovate le più svariate soluzioni. Lo storico Svetonio, biografo di Cesare, racconta che tra i molti onori che gli vennero riconosciuti, il condottiero apprezzò soprattutto il diritto di portare in pubblico la corona di alloro, con la quale nascondeva la sua pronunciata stempiatura; altri si accontentavano di rimedi meno solenni, per esempio tinture, riporti o parrucche che si vendevano nel Foro, come racconta Ovidio nella *Ars amatoria* (III, 167-168); sempre da Ovidio apprendiamo che le signore richiedevano soprattutto parrucche bionde importate dalla Germania.

Il risultato di questi espedienti non sempre era credibile, anzi spesso i malcapitati divenivano bersaglio di beffe; dice Marziale (I secolo d.C.):

Ti disegni capelli menzogneri con le tinture, Febo, e la tua sudicia pelata copri con chiome dipinte. Febo, non c'è bisogno di barbiere per la tua testa, basterà una spugna.

(Marziale, *Epigrammi* VI, 57, trad. di C. Vivaldi, Newton Compton, Roma 1993)

Un *must* unisex: la "prova sorriso"

Dentifricium significa "sfregamento dei denti" con opportune sostanze; un elogio del dentifricio e dell'igiene orale si trova già nell'*Apologia* di Apuleio del II secolo d.C., in cui l'autore, accusato di aver inviato un dentifricio a un giovane con l'obiettivo di sedurlo, così si difende rivolto al suo calunniatore:

Ho visto che poco fa certuni a stento trattenevano le risate, mentre l'avvocato si scagliava con tutta furia contro la nettezza dei denti e pronunciava la parola "dentifricio" con lo sdegno che nessuno metterebbe nel dire "veleno". Come no? Deve essere accusa ben gradita a un filosofo, se non permette che ci sia su di sé alcunché di sozzo, se non sopporta che alcuna parte visibile del suo corpo sia sudicia e male odorosa: soprattutto la bocca, che collocata in bella evidenza ed esposta agli sguardi, è l'organo di cui si serve l'uomo in continuazione [...]. Immaginate ora un oratore, [...] più delle altre parti del suo corpo ha cura della bocca, vestibolo dell'anima, porta della parola, comizio dei pensieri. Io, dicendola come la penso, affermo che a un uomo libero e di costumi signorili, nulla conviene meno della sozzura della bocca.

(Apuleio, *Apologia*, cap. VII, trad. di G. Augello, UTET, Torino 1984)

Apuleio ha facile gioco a rintuzzare un'insinuazione che, facendo leva sull'ignoranza degli ascoltatori, spaccia per sostanza insidiosa un prodotto igienico. Non è una stranezza: nel corso della storia certi prodotti hanno dovuto superare pregiudizi e timori prima di diffondersi. Fortunatamente per il nostro autore, non mancavano persone avvedute tra i presenti: queste ultime presero a schernire le argomentazioni dell'avvocato accusatore, ridicolizzandolo. Sappiamo che lo scrittore fu assolto.
Il poeta Catullo (I secolo a.C.) descrive invece la strana abitudine di un certo Egnazio, di origine spagnola, per avere un sorriso smagliante:

Egnazio ha denti tanto scintillanti
che è sorridente sempre, in ogni luogo.
In tribunale, dove l'oratore
strappa lacrime, lui siede e sorride.
Al rogo in cui si piange un buon ragazzo
e la madre rimasta sola geme
sul suo unico figlio, lui sorride.
Per qualunque occasione, in ogni posto,
qualunque cosa faccia, lui sorride.
Sarà una malattia, ma io la trovo
poco elegante e neppure educata.
È mio dovere dirlo, caro Egnazio.
Se anche fossi romano tiburtino
sabino o umbro grosso o etrusco grasso,
o lanuvino zannuto e narastro[2]
o transpadano (anche i miei ci metto),
insomma in qualunque luogo in cui
lavarsi i denti è una cosa pulita,
neppure in questo caso ammetterei
che uno sorrida sempre e in ogni modo:
niente è più scemo di un sorriso scemo.
Ma tu vieni di Spagna, e là in Spagna
si orina e con l'orina ogni mattina
denti e gengive rosse si strofina:
perciò più i vostri denti sono puliti,
più è chiaro quanto piscio mandi giù.

(Catullo, *Carmi* 39, trad. di E. Mandruzzato, Rizzoli, Milano 1986)

[2] Gli abitanti di Lanuvio, cittadina laziale a sud di Roma, sono etichettati da Catullo come "zannuti", cioè con denti molto grossi e sporgenti e dal colorito scuro.

La notizia di Catullo non era frutto di maldicenza: anche in altri autori, per esempio in Strabone, è confermata la curiosa abitudine delle popolazioni iberiche, verso cui il poeta mostra un'ironica comprensione («Ma tu vieni di Spagna», afferma Catullo, come a dire "siccome da voi usa così..."); in effetti Catullo non rimprovera a Egnazio le sue usanze igieniche esotiche, quanto la stupidità.
Nel mondo contemporaneo la bocca e i denti ricevono speciali attenzioni cosmetiche. Oggi avere un sorriso smagliante va oltre le ragioni igieniche ed è piuttosto sentita come una necessità estetica che può influenzare anche l'ambito relazionale, come la pubblicità ci ricorda spesso: nell'immagine qui riprodotta, lo slogan scelto per reclamizzare il prodotto sembrerebbe indicare che l'approvazione degli altri dipenda dal sorriso che esibiremo, quindi la pubblicità suggerisce di utilizzare quel determinato dentifricio per superare la "prova sorriso".

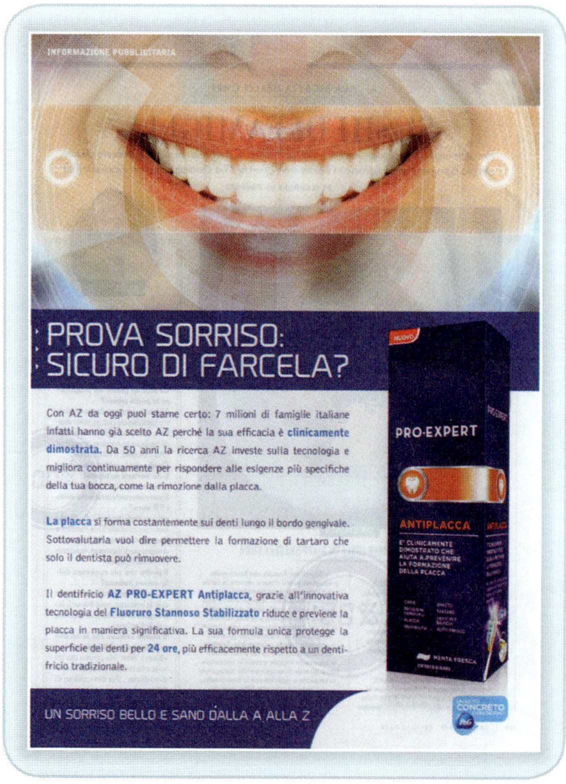

Immagine pubblicitaria di una nota marca di dentifrici.

Attività

Lessico

1. Il termine latino *recessus*, che significa "luogo appartato", "in disparte", filtrò nell'italiano medievale conservando il significato originario, ma perdendo il prefisso *re-*, come risulta dal seguente esempio tratto da Dante, *Inferno*, canto XXII, v. 100:

> Ma stien i Malebranche un poco in cesso
> [ma stiano i Malebranche un po' in disparte]

Dal significato antico e medievale del termine a quello di "latrina" dell'italiano moderno il passo fu breve. Tuttavia, il termine è sentito troppo volgare e quindi si ricorre a sinonimi, anche stranieri.
Fai almeno quattro esempi.

a) ....

b) ....

c) ....

d) ....

2. Dal greco *skatòs e kòpros*, ossia "sterco", "feci", "deiezioni", derivano alcuni vocaboli italiani che hanno a che fare con la sfera dei bisogni. Sapendo che i suffissi *-logia / -logico*, derivati dal greco, significano "discorso su qualcosa, relativo a qualcosa".
Scrivi che cosa indicano le seguenti parole:

coprologia	....	(di ambito medico)
scatologia	....	
scatologico	....	

3. In latino, il termine *faece(m)* significa "feccia", cioè il residuo melmoso della fermentazione del vino.
Che cosa significa invece in italiano?

....

....

....

....

Lettura delle immagini

4. Osserva l'immagine e rispondi alla domanda.
Perché il produttore ha scelto questo nome per la sua crema di bellezza?

....

....

....

....

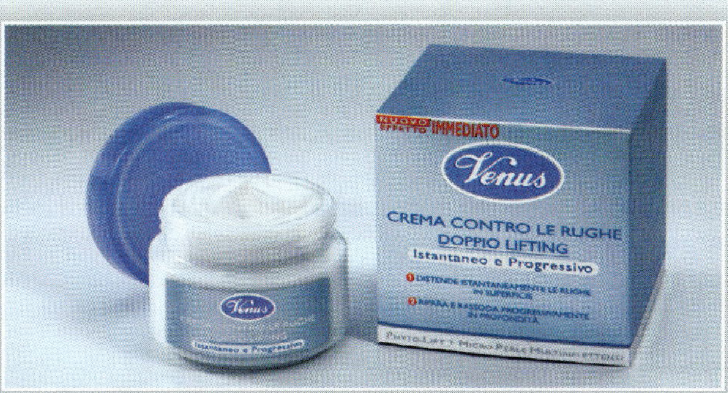

5. Nell'immagine viene pubblicizzata un'altra crema con un nome parlante, composto da *kalòs*, che significa "bello", e *dèrma*, "pelle".
Osserva l'immagine e rispondi alle domande.

a) A tuo avviso, a quale destinatario si rivolge il fabbricante?

b) Quali aspettative si vuole realizzare?

Approfondimento

6. Tra i consigli che Ovidio dà alle donne per essere seducenti figura la danza. Leggi i versi e rispondi alle domande.

> Né dubiti nessuno che io non voglia
> esperta la fanciulla nella danza,
> sì che, deposti i calici, le braccia
> sappia, invitata, muovere con grazia.
> Chi scuote agili i fianchi sulla scena
> manda in delirio, tanto è il godimento
> che nasce dalle sue sciolte movenze.

(Ovidio, *Arte di amare* III, 349-353, trad. di E. Barelli, cit.)

a) In quale contesto la fanciulla può essere chiamata a mostrare la sua abilità?

b) Quali effetti provocano le sue movenze aggraziate?

7. Tra le varie ricette proposte da Ovidio nel suo manuale di bellezza, eccone una per la pelle: "orzo, bulbi di narciso sbucciati e pestati, erbe macerate in 10 uova, sementi, corna tritate di cervo, miele". Quando la mistura è pronta – dice Ovidio – si spalma sulla pelle del volto che "risplenderà più liscia dello specchio".
Quali sono, invece, gli ingredienti base dei prodotti moderni? Svolgi una ricerca individuando i principali, le rispettive proprietà, la ricorrenza di alcuni tra quelli incontrati nei passi degli autori greci e romani. Infine, poni attenzione a una sostanza, spesso usata nei cosmetici di oggi, chiamata scatòlo: qual è la sua origine etimologica?

U9

contenuto integrativo

La politica

"Quale artista muore con me!" (Svetonio, *Vita di Nerone*, 69) esclamò in punto di morte Nerone che presumeva di essere un grande attore, protagonista di innumerevoli esibizioni a teatro, allo stadio davanti a folle in delirio e si muoveva circondato sempre da un pubblico plaudente anche durante i suoi spostamenti da una città all'altra. Pur inviso al Senato per questo suo atteggiamento pubblico, Nerone aveva però capito l'importanza del consenso popolare, del contatto con la plebe, nella modalità più diretta e meno complessa: quella della spettacolarità.

Anche compiendo un lungo balzo in avanti nel tempo possiamo osservare come pure i grandi statisti del Novecento, e già gli stessi dittatori di quel secolo, basassero buona parte del proprio successo sulla spettacolarizzazione della loro esistenza pubblica, ostentando un eloquio o usando uno specifico linguaggio per rendersi immediatamente percepibili come leader. Oggi che la televisione e il web amplificano ulteriormente le possibilità di spettacolarizzazione del messaggio, la battuta efficace, la trovata scenica e la gestualità risultano ingredienti imprescindibili per costruire (e disfare) fortune politiche.

Non si tratta, come potrebbe apparire, di gesti spontanei e immediati, ma di atteggiamenti frutto di una sapiente regia e, ancora prima, dell'applicazione pratica di norme specifiche elaborate per convincere, sedurre ed entusiasmare; queste norme vanno sotto il nome di retorica, la disciplina che definisce e studia le tecniche del discorso in grado di attirare e convincere gli ascoltatori; inventata dai greci nel V secolo a.C., codificata da Aristotele nel IV a.C. nell'opera dal titolo *La Retorica*, da allora la retorica è diventata strumento essenziale per chiunque parli in pubblico e, in particolare, per i politici.

Così, l'indagine storica sulle tecniche della comunicazione politica per coinvolgere e convincere le masse non è una semplice curiosità da eruditi: i meccanismi di persuasione inventati dai greci sono validi e operanti tutt'oggi e forse conoscerli non è del tutto inutile.

1. La retorica, "madre" della politica

Il potere delle parole

La prima formulazione completa della retorica si deve ai greci, che elaborarono tecniche precise per convincere, persuadere, commuovere e all'occorrenza divertire l'uditorio.
L'iniziatore della disciplina è considerato Gorgia da Lentini (V secolo a.C.), tanto abile da poter sostenere con eguale efficacia l'accusa e la difesa di una stessa causa. Per sfoggiare la propria sottigliezza argomentativa e per divertimento scrisse l'operetta *L'elogio di Elena,* in cui si proponeva di difendere Elena dalle accuse di essere stata causa della guerra di Troia.

> Esporrò le cause per le quali era naturale avvenisse la partenza di Elena verso Troia. Infatti, ella fece quel che fece o per cieca volontà del Caso, e meditata decisione di Dei, e decreto di Necessità; oppure rapita per forza; o indotta con parole, o presa da amore. Se è per il primo motivo, è giusto che s'incolpi chi ha colpa; poiché la provvidenza divina non si può con previdenza umana impedire. [...] la Divinità supera l'uomo e in forza e in saggezza e nel resto. Che se dunque al Caso e alla Divinità va attribuita la colpa, Elena va dall'infamia liberata [...].
> Se poi fu la parola a persuaderla e a illuderle l'animo, neppur questo è difficile a scusarsi e a giustificarsi così: la parola è un gran dominatore, che con piccolissimo corpo e invisibilissimo, divinissime cose sa compiere; riesce infatti e a calmar la paura, e a eliminare il dolore, e a suscitare la gioia, e ad aumentar la pietà.[...] Qual motivo ora impedisce di credere che Elena sia stata trascinata da lusinghe di parole, e così poco di sua volontà, come se fosse stata rapita con violenza? Così si constaterebbe l'imperio della persuasione, la quale, pur non avendo l'apparenza dell'ineluttabilità, ne ha tuttavia la potenza. Infatti un discorso che abbia persuaso una mente, costringe la mente che ha persuaso, e a credere nei detti, e a consentire nei fatti. Onde chi ha persuaso, in quanto ha esercitato una costrizione, è colpevole; mentre chi fu persuasa, in quanto costretta dalla forza della parola, a torto vien diffamata. [...]
> Ora la quarta causa spiegherò col quarto ragionamento. Che se fu l'amore a compiere il tutto, non sarà difficile a lei sfuggire all'accusa del fallo attribuitole. [...] i pittori, quando da molti colori e corpi compongono in modo perfetto un sol corpo e una sola figura, dilettano la vista. E figure umane scolpite, figure divine cesellate sogliono offrire agli occhi un gradito spettacolo [...]. Molte cose, in molti, di molti oggetti e persone inspirano l'amore e il desiderio. Che se dunque lo sguardo di Elena, dilettato dalla figura di Alessandro, inspirò all'anima fervore e zelo d'amore, qual meraviglia? Il quale amore, se, in quanto dio, ha degli dèi la divina potenza, come un essere inferiore potrebbe respingerlo, o resistergli? E se poi è un'infermità umana e una cecità della mente, non è da condannarsi come colpa, ma da giudicarsi come sventura; venne infatti, come venne, per agguati del caso, non per premeditazioni della mente, e per ineluttabilità d'amore, non per artificiosi raggiri.
> Come dunque si può ritener giusto il disonore gettato su Elena, la quale, sia che abbia agito come ha agito perché innamorata, sia perché lusingata da parole, sia perché rapita con violenza, sia perché costretta da costrizione divina, in ogni caso è esente da colpa?
> (*I Presocratici,* Laterza, Bari 1990, pp. 927-933)

Il discorso di Gorgia non è solo testimonianza di bravura oratoria, ma anche e soprattutto un appassionato elogio della parola, presentata come strumento dalle numerose risorse per condizionare chi ascolta.

Testa di Gorgia da Lentini.

Il lato oscuro della retorica: la demagogia

Dopo Gorgia la retorica si affinò ulteriormente: nacquero apposite scuole dove quest'arte si insegnava a pagamento a chi voleva intraprendere una carriera pubblica; non mancò tuttavia un'utilizzazione distorta, con abuso di menzogna e adulazione. Da qui nacque la demagogia, ossia l'arte di persuadere le masse sfruttandone credulità e debolezze.
Ancora oggi "demagogo" è un termine spregiativo, che si attribuisce a chi seduce le folle facendo leva sulle loro aspettative, anche con la menzogna.
Già nel mondo antico vari autori denunciarono la degenerazione della retorica: su tutti Aristofane, che nelle sue opere ridicolizzò oratori e demagoghi. Per esempio, nella commedia *I cavalieri* è tratteggiato un quadro politico-sociale di Atene nel V secolo a.C. che vede da un lato squallidi demagoghi, pronti a tutto per attrarre il favore popolare, dall'altro masse ottuse e manipolabili con la promessa di modesti vantaggi.
Nell'opera *Le nuvole*, invece, Aristofane fa la parodia di una procedura tipica dei sofisti – i maestri dell'arte retorica come Gorgia da Lentini – i quali si vantavano di saper rendere forte il discorso più debole e di poter sostenere con altrettanta bravura una tesi e il suo opposto. I loro insegnamenti, tuttavia, nelle mani di giovani inesperti, potevano sortire effetti inattesi e sgradevoli, come viene rappresentato nella commedia dove un uomo, Strepsiade, gravato di debiti, volendo sfruttare le sottigliezze dei retori invia il figlio Fidippide alla scuola di Socrate per fargliene apprendere i segreti e usarli poi in tribunale per non pagare i debiti; ma il giovanotto applica in modo imprevisto le sue nuove capacità: prima picchia il padre e poi ne dà giustificazione:

Benito Mussolini (1883-1945) arringa la folla in una tipica posa da tribuno.

> Strepsiade (entra inseguito dal figlio): "Ahi, ahiii! Parenti, vicini, paesani, aiuto, aiuto, accorrete: spicciatevi! Povero me: la testa, la faccia! Farabutto, suoni tuo padre!"
> Fidippide : "Verissimo papà."
> Str.: "Vedete: non lo nega nemmeno!"
> Fid.: "Per niente" [...]
> Str.: "Batti tuo padre?"
> Fid.: "Perdio, posso dimostrare che avevo ragione a dartele"
> [...]
> Fid.: "Innanzitutto ti voglio fare una domanda: quando ero bambino, me le davi?"
> Str.: "Io, sì, ma a fin di bene: lo facevo per te!"
> Fid.: Allora dimmi: non è giusto che anche io lo faccia per te e te le suono? Darle, non significa farlo a fin di bene? Come pretendi che la tua pelle sia esente da mazzate e la mia no? [...] Dirai che, secondo l'uso i bambini si trattano così. Ti rispondo: "Due volte bambini sono i vecchi". È naturale che i vecchi ne prendano di più dei giovani, visto che meno dovrebbero sbagliare."
> (Aristofane, *Le nuvole*, vv. 1321-1326; 1400-1420; trad. di B. Marzullo, in Id., *Commedie*, III, Laterza, Bari 1968)

Per comprendere meglio la situazione, bisogna ricordare che ad Atene la legge imponeva ai figli l'obbligo di mantenere e onorare i genitori anziani, rischiando la denuncia nel caso li maltrattassero. L'argomentazione di Fidippide si fonda su un proverbio popolare, che non è certo una verità assoluta, ma sufficiente per imbastire il suo ragionamento sofistico.

Antichi & Moderni

1. Ripercorri il testo di Gorgia individuandone lo sviluppo argomentativo in relazione ai quattro punti analizzati dal filosofo. Segui lo schema:
Elena è innocente

se agì per volontà degli dei, perché ....
se fu rapita, perché ....
se fu persuasa a parole, perché ....
se si innamorò, perché ....

2. Anche oggi il demagogo è colui che cerca di conquistare il consenso ricorrendo ad argomentazioni centrate sulle aspettative e sui bisogni immediati del pubblico. Sapresti fare un esempio di politica demagogica? Puoi riferirti alle tue conoscenze storiche o attuali.

2. Lo spettacolo della politica

La battuta giusta...

Narra lo scrittore Aulo Gellio (I secolo d.C.) che Demostene, il più grande oratore greco, un giorno parlando in pubblico di questioni della massima importanza e notando scarso interessamento nell'uditorio, ne attirò l'attenzione con un arguto espediente: interruppe la sua narrazione raccontando una storiella banale ma capace di destare la curiosità del pubblico che riprese così a seguirlo; questa la storia: tempo addietro, un viandante doveva recarsi da Atene a Megara e aveva noleggiato un asino con il suo conducente. A metà strada, con il sole a picco e il caldo insopportabile, il viandante voleva riposarsi ma non c'era ombra nei dintorni, tranne quella dell'asino. Sorse allora una discussione con l'asinaio che gli contestava di avergli noleggiato solo l'asino, non la sua ombra. Chi aveva ragione? Senza dare risposta Demostene si interruppe e riprese il discorso precedente; al pubblico che prese a rumoreggiare per conoscere l'esito della storiella Demostene rispose aspramente: "Ma come? Se parlo di faccende vitali non mi state a sentire e invece prestate attenzione a queste sciocchezze?".

Busto di Demostene.

Appare dunque chiaro che Demostene diede prova di abilità nel riprendere un uditorio svagato, ricorrendo a un artificio suggerito dalla retorica. L'umorismo, la battuta, il discorso condito di aneddoti erano, del resto, molto apprezzati in un uomo politico o un oratore.
Anche oggi ci sono politici che ne hanno fatto motivo di vanto, arrivando anche alla battuta offensiva. Per evitare gli eccessi i romani, però, ponevano dei limiti anche all'umorismo.

... ma solo al momento giusto

Già Cicerone, nel trattato *De oratore*, raccomandava ai futuri oratori e politici di essere tempestivi, opportuni e moderati nell'uso di battute:

> Nel parlare poi appare divertente ciò che è suscitato da arguzia di parola o di motto; ma come nel genere narrativo o nell'imitazione bisogna evitare di somigliare ai mimi professionisti, così nel discorso l'oratore deve assolutamente evitare la spiritosaggine da buffone [...]. Accade in definitiva che delle battute possano ricadere su persone che non si

volevano colpire, e, per quanto riuscite, risultino volgari per la loro stessa natura. [...] La scelta del momento e la moderazione della mordacità, la giusta dose e la rarità delle battute distingueranno l'oratore da un buffone.

(Cicerone, *De oratore* II, 244 e 247, trad. nostra)

Più avanti nello stesso testo Cicerone ribadisce che, mentre l'oratore ricorre a una battuta non per sembrare spiritoso ma per trarne qualche vantaggio, il buffone lo fa di continuo e senza motivo al pari dei mimi che, per quanto molto abili nel riprodurre il carattere di una persona, nel mondo romano erano considerati attori da cabaret, poco più che saltimbanchi.
Anche lo storico Valerio Massimo (I secolo d.C.) invita alla moderazione nelle battute raccontando l'errore di Scipione Nasica, ambizioso giovane politico del II secolo a.C., che durante la campagna elettorale, stringendo la mano indurita dal lavoro nei campi di un uomo gli chiese scherzosamente se egli fosse solito camminare con le mani. La battuta – offensiva del lavoro manuale – si diffuse tra gli elettori popolari, che gli negarono il voto. Conclude Valerio: "In tal modo la cittadinanza tenne a freno l'insolenza dei giovani notabili e aggiunse decoro alle cariche pubbliche non accettando che ad esse si candidassero dei buffoni". Anche oggi sono numerosi i casi di uomini politici che pur di conquistare l'attenzione del pubblico ricorrono a battute umoristiche spesso offensive delle condizioni sociali o religiose di strati più o meno ampi della popolazione.

L'immagine e il potere

Chi aspira al potere politico o vuole conservarlo deve offrire un'immagine vincente di sé, a partire dall'aspetto fisico, che deve comunicare al pubblico forza, sicurezza, ma anche una certa gradevolezza. Anche per questo, oggi, durante le campagne elettorali molti candidati "ritoccano" la propria immagine ricorrendo all'ausilio di truccatori ed esperti di comunicazione.
Per quanto ampiamente utilizzato ai giorni nostri, il ricorso al "ritocco" migliorativo è già riscontrabile nel mondo greco-romano. Uno dei più grandi uomini politici della Grecia, Pericle (V secolo a.C.), aveva per natura il cranio molto allungato e sproporzionato, come racconta il suo biografo Plutarco nella *Vita di Pericle*, tanto da essere soprannominato "schinocefalo", cioè "testa di cipolla"; proprio per coprire questo difetto, astutamente usava indossare un elmo nelle occasioni pubbliche.

Busto di Pericle.

Uno dei casi più noti di ritocco dell'immagine di sé nell'antichità è quello dell'imperatore Vespasiano: i suoi due busti qui riprodotti che sembrano rappresentare due personaggi diversi ce ne offrono una chiara testimonianza; nel primo ritratto vediamo un uomo anziano dall'aspetto vissuto, col volto solcato da rughe profonde, labbra molto sottili, calvizie evidente, palpebre gonfie, aspetto contadinesco; nel secondo l'imperatore appare ringiovanito, con un incarnato più disteso, rughe attenuate, calvizie meno estesa, aspetto distinto. Le conclusioni degli storici concordano: il primo busto rientrava nella tradizione realistica tipicamente romana ed era indirizzato agli ambienti militari; la versione migliorata, invece, era destinata all'aristocrazia senatoria e soprattutto alle province orientali, dove anche la gente comune era abituata a ritratti di governanti eleganti ed esteticamente gradevoli.

Teste dell'imperatore romano Tito Flavio Vespasiano.

3. La seduzione della politica

Promesse, promesse, promesse

Oggi come nell'antichità le elezioni rappresentano il banco di prova dei politici, che le affrontano attraverso intense campagne elettorali in cui utilizzano parole-chiave, battute e gesti mirati all'ottenimento del massimo consenso. Per chi inizia ci sono i suggerimenti di esperti, ma non mancano manuali ricchi di consigli e accorgimenti.
Oggi molto diffusi, i precedenti di questo tipo di manualistica risalgono però all'antichità: già all'epoca di Cicerone circolava l'opuscolo *Commentariolum petitionis,* attribuito al fratello dell'oratore, Quinto, nel quale venivano dati consigli agli aspiranti politici:

> Bisogna procurarsi amici di ogni genere: per l'apparenza, uomini importanti per cariche e nome; [...] per avere il favore della legge, magistrati; per procurarti voti, uomini autorevoli; soprattutto procurati la vicinanza di coloro che hanno o pensano di avere grazie a te qualche beneficio. [...]
> Sii disponibile con quelli che si legano a te per una speranza, perché questo tipo di persone è compiacente e servizievole.
> Devi essere affabile con la gente; compi gesti generosi e soprattutto fai in modo che siano conosciuti e divulgati il più possibile; rendi facile il contattarti da parte di chiunque. Esibisci simpatia spontanea, adattando i tuoi discorsi a ciascuno [...] e manifestando sentimenti corrispondenti ai loro. Ricorda che la gente desidera non solo che le siano fatte promesse, ma che siano numerose e fatte con riguardo.
> Evita di esprimere giudizi netti [...] e di indicare con chiarezza il tuo programma, lasciando che ognuno presuma il meglio sul tuo conto: che i notabili ti considerino un conservatore, i banchieri un magistrato amante della pace necessaria ai loro affari, il popolo un buon democratico.
>
> (*Commentariolum petitionis,* V-VI e IX, *passim*, trad. nostra)

Con minime variazioni questi consigli sembrano a tutt'oggi conservare la loro validità nella prassi politica. Quinto suggerisce comportamenti più proficui per qualunque candidato: guadagnarsi l'appoggio di uomini influenti, misurare le parole, lasciare nel vago il programma politico, adattarsi ai vari ceti sociali, presentandosi come il candidato giusto a rappresentarne gli interessi. In sostanza, fare promesse e regalare speranze usando gli strumenti della persuasione, cioè bei discorsi che blandiscono ed entusiasmano l'uditorio, modulando il linguaggio in base al destinatario: parlare da contadino con i contadini, da nobile con i nobili è una capacità che garantisce voti. E poi far parlare di sé, ingigantire i meriti, sminuire i difetti.
Oggi le promesse elettorali riguardano spesso l'aumento dei posti di lavoro, che in un periodo di grave crisi economica costituiscono un richiamo efficace per il voto. Nel mondo antico il problema del lavoro non esisteva, ma si promettevano spettacoli e donazioni. Così recitava un "manifesto elettorale" a Pompei nel I secolo d.C.:

> Votate Caio Giulio Polibio come edile: dà il pane buono.
>
> (CIL, IV, 429)

E, in effetti, Caio Giulio Polibio fu un uomo politico di successo, perché qualche anno dopo si candidò alla carica di *duovir* (qualcosa di analogo al sindaco) con il sostegno dei panettieri; forse lui stesso lo era, come fa supporre l'attestazione-promessa di fornire pane buono.
C'era chi invece si manteneva nel vago con le sue promesse:

> Vota come edile Ovidio Veientone, che poi saprà ricambiarti
>
> (CIL, IV, 7429)

Antichi & Moderni

1. Così come accade nella vita di tutti i giorni, anche in politica spesso vengono attribuiti soprannomi agli avversari: questa tecnica è un'eredità dell'*abolitio nominis*, "eliminazione del nome", che nell'antica Roma precedeva la *damnatio memoriae*, "condanna del ricordo", nelle procedure di esilio. Sulla base di quest'ultima informazione, prova a individuare lo scopo per cui alcuni politici designano gli avversari non con il nome proprio ma con un nome storpiato, deformato.
2. Descrivi le qualità morali e i comportamenti del politico ideale secondo gli ammonimenti di Cicerone e degli altri intellettuali di cui abbiamo riportato passi e citazioni: secondo te, si tratta di una descrizione che potrebbe adattarsi anche a un uomo politico contemporaneo?

Attività

Lessico

1. Il lessico della politica moderna ha un grosso debito verso il mondo antico: molte parole sono rimaste pressoché inalterate dall'epoca dei greci e dei romani, altre hanno subito adattamenti di forma o significato, ma conservando ben visibile la radice classica.
Completa la tabella inserendo nella colonna appropriata definizioni e termini dati di seguito; segui l'esempio.

Parole italiane della politica	Definizioni delle parole italiane	Termini latini e greci corrispondenti
Amministratore		
Candidato		
Costituzione		
Deputato		
Elezione		
Ministro		
Politica / politico		
Stato	Documentato per la prima volta in italiano nel 1313, il termine significa "condizione", "posizione", per indicare un gruppo, un'entità di persone situate in posizione stabile su un territorio.	*Statum*
Senato		

I Termini latini e greci

a) *Statum*
b) *Constitutione(m)*
c) *Pòlis / politikòs*
d) *Administrare / administrator*
e) *Candidatus*
f) *Senior / senatus*
g) *Deputare / deputatus*
h) *Electionem*
i) *Minister*

II Definizioni delle parole italiane

1) Letteralmente significa "ciò che ha a che fare con la città", cioè con la comunità, e quindi "l'arte di gestire la città", che per i greci coincideva con lo Stato.
2) In italiano fino al 1700 la parola indicava "ordine di qualcosa", ma anche "stato del corpo". È in inglese che dal 1600 il termine significa l'insieme delle regole di uno Stato, e dal 1700 i princìpi di una società. Nel 1787 il termine fu usato per la prima volta per definire il documento scritto, l'atto fondativo degli Stati Uniti d'America. Da allora in poi, la parola filtrò in italiano con il significato attuale.
3) Documentato per la prima volta in italiano nel 1313, il termine significa "condizione", "posizione", per indicare un gruppo, un'entità di persone situate in posizione stabile su un territorio.
4) Le parole significano "governare", "dirigere", "colui che governa, dirige".

5) Il termine italiano significa "membro del governo", colui che dirige un complesso di uffici e attività dello Stato; deriva dalla parola latina che indicava il servitore; a sua volta il termine latino proviene da una forma arcaica, *minus(ter)*, che segnalava una persona meno potente di un'altra.

6) In italiano designa uno dei due rami del Parlamento e deriva dal corrispondente termine latino con cui si indicava il consiglio che dirigeva la vita cittadina e che era formato dal gruppo dei più anziani, considerati i più saggi di ogni città; per questo la parola latina contiene nella sua radice un altro termine che significa "vecchio".

7) La parola indica un membro del Parlamento e deriva da un verbo latino che vuol dire "valutare", "destinare a qualcosa", da cui il sostantivo che significa "colui che è stato valutato e destinato a un incarico".

8) In italiano la parola significa *"scelta"* e deriva da un equivalente latino che contiene la radice del verbo latino *elegere*, "scegliere".

9) Il termine italiano designa chi mira a una carica politica o di altra natura e deriva dall'equivalente latino, che nell'antica Roma indicava l'aspirante alla carica politica durante le elezioni; il candidato girava con una toga bianca, candida, strofinata con gesso, per rendersi immediatamente riconoscibile dagli elettori, che potevano fermarlo per strada e chiedergli notizie sul suo programma.

2. Dalla parola greca *politikòs* sono derivate alcune parole italiane. Cerca e trascrivi i significati di questi termini:

a) Politico: ....

b) Apolitico: ....

c) Impolitico: ....

3. In greco il lemma *kràtos* significa "forza", "dominio", da cui deriva il suffisso italiano -*crazia*.
Conoscendo il significato dei seguenti termini greci:

àristos, "il migliore"
òklos, "massa bruta
ghèron, "vecchio"
plùtos, "ricchezza"
theòs, "dio"

definisci il significato delle seguenti parole italiane:

a) Aristocrazia: ....

b) Oclocrazia: ....

c) Plutocrazia: ....

d) Gerontocrazia: ....

e) Teocrazia: ....

4. Il termine italiano "burocrazia" deriva da un vocabolo francese e uno greco: *bureau*, che in francese significa "ufficio", e *kràtos*, che vuole dire "dominio". Spiega il significato letterale della parola italiana burocrazia.

....

....

5. Dal vocabolo greco *archè*, "dominio", "potere", deriva il suffisso italiano –*archia*.
Conoscendo il significato dei seguenti termini greci:

oligos, "poco"
monos, "uno solo"
dyo, "due"
il prefisso *a*- nega un concetto

definisci il significato delle seguenti parole italiane:

a) Oligarchia: ....

b) Monarchia: ....

c) Diarchia: ....

d) Anarchia: ....

6. Sapendo che in greco il lemma *dèmo* significa "popolo" e il lemma *àgo* significa "condurre" (in senso materiale e mentale), che cosa significano letteralmente le parole italiane "democrazia" e "demagogia"?

....

....

Lettura dei testi

7. L'imperatore Augusto fu il primo a utilizzare su larga scala la propaganda politica tramite immagini e parole. Il *Monumentum Ancyranum* (da Ankara, capitale della Turchia presso cui fu ritrovato) fu un vero e proprio messaggio politico: era un'iscrizione che riportava le imprese del sovrano, redatto in più copie, anche bilingui, duplicato e diffuso in tutto l'impero.
Leggi il frammento e rispondi alle domande.

> Restituii la libertà allo Stato oppresso da una fazione. Il Senato [...] mi affidò il comando militare supremo, il popolo [...] mi nominò console [...] per riordinare lo Stato. [...] Combattei spesso guerre civili ed esterne, per terra e per mare, e vittorioso risparmiai tutti i cittadini che mi chiedevano grazia. Preferii salvare anziché distruggere popoli stranieri che potevano essere perdonati con sicurezza. Circa 500.000 cittadini[1] furono al mio comando. Di essi più di 300.000 li stanziai in colonie [...] e a tutti assegnai campi o denaro come premio del servizio militare.
>
> (*Res gestae divi Augusti* I-III, trad. nostra)

[1] Si intende soldati.

a) Quali virtù e benemerenze si attribuisce Augusto?

....

....

b) Quale tipo di uomo politico viene delineato da queste parole?

....

....

Approfondimento

8. Alcuni termini latini dell'ambito amministrativo sono rimasti con forma identica nell'italiano, ma la funzione che essi oggi indicano è differente da quella antica. A Roma c'erano:

praetore(m),	"colui che precede avanti", che amministrava la giustizia
quaestore(m)	che si occupava delle finanze cittadine
censore(m)	da *census*, "il patrimonio"; egli redigeva le liste dei cittadini aventi diritto e dei relativi patrimoni, controllava gli appalti, le opere pubbliche e la moralità dei senatori;
consule(m)	era il magistrato supremo, che deteneva il potere civile e militare

Identifica i termini italiani corrispondenti a ciascuna carica, poi svolgi una ricerca per individuarne le rispettive attribuzioni, responsabilità e prerogative.

9. Nella parola italiana "censimento" è rimasto un residuo del significato antico. Che cos'è, ai giorni nostri, un censimento? Spiegalo anche con esempi pratici.

....

....

10. Un termine alternativo a "demagogo" nel mondo contemporaneo è "tribuno", usato in senso spregiativo.

a) Chi erano a Roma i tribuni?

....

....

b) Perché oggi il lemma ha assunto significato negativo?

....

....

Nel seguente indice sono riportati i nomi di autori, di personalità appartenenti al mondo dell'economia, della politica, dello spettacolo, dello sport e di personaggi storici, letterari e mitologici.

MyStudio

Registrazione su
www.rcseducation.it

PER CHI

STUDENTE · DOCENTE · CLASSE

GLI STRUMENTI DIDATTICI

- **Notifiche** – Aggiornamenti e avvisi
- **Registro** – Gestione classe e gruppi classe
- **Calendario** – Creazione e condivisione eventi
- **Classbox** – Archiviazione e condivisione documenti
- **DigiTest** – Piattaforma per creare verifiche
- **LessonPlan** – Percorsi multimediali personalizzati
- **EpubMaker** – Creazione e condivisione di ebook
- **Blog** – Spazio di dialogo della classe

I CONTENUTI

- **OpenBook** – Libro di testo digitale interattivo
- **ExtraKit** – Espansione digitale del libro gratuita
- **Mosaico** – Motore di ricerca semantico
- **DigiTest** – Database di verifiche
- **MyDigiTest** – Eserciziario digitale autovalutativo

CON COSA

TABLET · PC E MAC · LIM